企业高技能人才职业培训系列教材

城轨通信工

CHENGGUITONGXINGONG（五级）

主　　编　包于顺
编　　者　程加宁　包于顺
主　　审　阮　文

中国劳动社会保障出版社

图书在版编目（CIP）数据

城轨通信工．五级/人力资源社会保障部教材办公室等组织编写．-- 北京：中国劳动社会保障出版社，2019

企业高技能人才职业培训系列教材

ISBN 978-7-5167-4020-0

Ⅰ．①城…　Ⅱ．①人…　Ⅲ．①城市铁路-铁路通信-职业培训-教材　Ⅳ．①U239.5

中国版本图书馆CIP数据核字（2019）第155282号

中国劳动社会保障出版社出版发行

（北京市惠新东街1号　邮政编码：100029）

*

三河市华骏印务包装有限公司印刷装订　新华书店经销

787毫米×1092毫米　16开本　12.75印张　210千字

2019年8月第1版　2019年8月第1次印刷

定价：33.00元

读者服务部电话：（010）64929211/84209101/64921644

营销中心电话：（010）64962347

出版社网址：http://www.class.com.cn

内容简介

本教材由人力资源社会保障部教材办公室、中国就业培训技术指导中心上海分中心、上海市职业技能鉴定中心、上海申通地铁集团有限公司轨道交通培训中心依据城轨通信工（五级）职业技能鉴定细目组织编写。教材从强化培养操作技能，掌握实用技术的角度出发，较好地体现了当前最新的实用知识与操作技术，对于提高从业人员基本素质、掌握城轨通信工（五级）的核心知识与技能有直接的帮助和指导作用。

本教材既注重理论知识的掌握，又突出操作技能的培养，实现了培训教育与职业技能鉴定考核的有效对接，形成一套完整的城轨通信工培训体系。本教材内容共分为7章，主要包括专用无线单元模块、交换单元模块、广播单元模块、视频监控单元模块、光电缆单元模块、传输单元模块、电源单元模块等。

本教材可作为城轨通信工（五级）职业技能培训与鉴定考核教材，也可供本职业从业人员培训使用，全国中、高等职业技术院校相关专业师生也可以参考使用。

前言

企业技能人才是我国人才队伍的重要组成部分，是推动经济社会发展的重要力量。加强企业技能人才队伍建设，是增强企业核心竞争力、推动产业转型升级和提升企业创新能力的内在要求，是加快经济发展方式转变、促进产业结构调整的有效手段，是劳动者实现素质就业、稳定就业、体面就业的重要途径，也是深入实施人才强国战略和科教兴国战略、建设人力资源强国的重要内容。

国务院办公厅在《关于加强企业技能人才队伍建设的意见》中指出，当前和今后一个时期，企业技能人才队伍建设的主要任务是：充分发挥企业主体作用，健全企业职工培训制度，完善企业技能人才培养、评价和激励的政策措施，建设技能精湛、素质优良、结构合理的企业技能人才队伍，在企业中初步形成初级、中级、高级技能劳动者队伍梯次发展和比例结构基本合理的格局，使技能人才规模、结构、素质更好地满足产业结构优化升级和企业发展需求。

高技能人才是企业技术工人队伍的核心骨干和优秀代表，在加快产业优化升级、推动技术创新和科技成果转化等方面具有不可替代的重要作用。为促进高技能人才培训、评价、使用、激励等各项工作的开展，上海市人力资源和社会保障局在推进企业高技能人才培训资源优化配置、完善高技能人才考核评价体系等方面做了积极的探索和尝试，积累了丰富而宝贵的经验。企业高技能人才培养的主要目标是三级（高级）、二级（技师）、一级（高级技师）等，考虑到企业高技能人才培养的实际情况，除一部分在岗培养并已达到高技能人才水平外，还有较大一批人员需要从基础技能水平培养起。为此，上海市将企业特有职业的五级（初级）、四级（中级）作为高技能人才培养的基础阶段一并列入企业高技能人才培养评价工作的总体框架内，以此进一步加大企业高技能人才培养工作力度，增强企业高技能人才培养效果，更好地实现高技能人才培养的总体目标。

为配合上海市企业高技能人才培养评价工作的开展，人力资源社会保障部教材办公室、中国就业培训技术指导中心上海分中心、上海市职业技能鉴定中心联合组织有关行业和企业的专家、技术人员，共同编写了企业高技能人才职业培训系列教材。本教材是系列教材中的一种，由上海申通地铁集团有限公司轨道交通培训中心负责具体编写工作。

企业高技能人才职业培训系列教材聘请上海市相关行业和企业的专家参与教材编审工作，以"能力本位"为指导思想，以先进性、实用性、适用性为编写原则，内容涵盖该职业的职业功能、工作内容的技能要求和专业知识要求，并结合企业生产和技能人才培养的实际需求，充分反映了当前从事职业活动所需要的核心知识与技能。教材可为全国其他省、自治区、直辖市开展企业高技能人才培养工作，以及相关职业培训和鉴定考核提供借鉴或参考。

新教材的编写是一项探索性工作，由于时间紧迫，不足之处在所难免，欢迎各使用单位及个人对教材提出宝贵意见和建议，以便教材修订时补充更正。

企业高技能人才职业培训系列教材

编审委员会

目录

第1章　专用无线单元模块

第2章　交换单元模块

第4章　视频监控单元模块

第5章　光电缆单元模块

第1章

专用无线单元模块

1.1 集群通信技术

学习目标

✓ 了解集群通信技术

✓ 了解集群通信的标准

知识要求

1.1.1 集群通信技术的种类

20 世纪 80 年代，数字集群通信技术诞生之后，由于它具有频谱利用率高、信号抗信道衰落能力强、保密性好、可提供多业务服务、网络管理灵活有效等诸多优点，因此很快取代了原有的模拟集群通信而成为主流。

1. TETRA 技术

TETRA 全称 terrestrial trunked radio，可翻译为陆上集群无线电。该技术是基于 TDMA（时分多址）技术的专业移动通信系统，在 25 kHz 带宽内分四个信道。TETRA 系统是 ETSI（欧洲电信标准组织）为了满足欧洲各国专业部门对移动通信的需要而设计、制定统一标准的开放性系统。

TETRA 是基于传统大区制调度通信系统数字化而形成的一个专用移动通信无线电标准。TETRA 系统在调度功能上是比较完善的，所以它非常适合做专网，尤其适合城轨运营单位等。

TETRA 系统还支持功能强大的移动台脱网直通模式，可实现鉴权、空中接口加密和端对端加密。TETRA 系统具有虚拟专网功能，可以使一个物理网络为互不相关的多个组织机构服务，并具有丰富的服务功能、更高的频率利用率、更好的通信质量、更灵活的组网方式，许多新的应用（如车辆定位、图像传输、移动互联网、数据库查询等）都已在 TETRA 系统中得到实现。

在中国的几种数字集群通信技术体制中，目前 TETRA 系统的应用相对占多数，主要用于铁路、城轨、航空、水利等行业。

2. iDEN 技术

iDEN 全称 integrated digital enhanced network，可翻译为集成数字增强型网络。该系统是摩托罗拉公司研发的集数字话音传输为一体的综合数字集群通信系统，采用 TDMA 技术。除了以指挥调度业务为主外，还兼有双工电话互连、数据和短消息等功能。iDEN 系统最初设计是用作共网的，所以它的工作方式是集指挥调度、双工互连、分组数据和短消息于一体。在技术方面，iDEN 系统具有以下特点。

（1）增强电话互连功能。iDEN 系统在传统的调度通信基础上大量吸收数字蜂窝通信系统的优点，增强电话互连功能。其无线电话功能与个人移动通信系统在同一水平上，并将数字蜂窝通信系统的增值业务如短信息服务等应用于自身系统中。

（2）频率利用率较高。iDEN 系统可以较高效率地使用传统频谱，如传统的 800 MHz 频谱（806～825 MHz，851～870 MHz）。除欧洲外，该段频谱在全球其他地区被广泛应用于集群通信，无须调整。iDEN 系统可以使用不连续频点，方便运营商灵活配置频率资源。通过 TDMA 技术，iDEN 系统将一个 25 kHz 的物理信道划分成六个数字通信时隙，频率利用率较高。

（3）保证话音的质量。iDEN 系统采用独特的 M－16QAM（多子载波 16 进制正交振幅调制）技术，使每个 25 kHz 的物理信道（含六个数字通信时隙）的速率达到 64 kb/s，同时使邻道抑制达到 60 dB 以上，这项高效的调制技术保证了集群通信数字化进程中数字与模拟系统的共存。iDEN 系统的话音编码方式采取 4.2 kb/s 的 VSELP（矢量和激励线性预测编码），可在 6∶1 的压缩比例下保证话音的质量。

（4）提高网络的覆盖能力。iDEN 系统采纳 7×3 的小区复用方式，将一个基站分为扇形小区，扩大小区的容量，提高大地域的组网能力。同时，采取全向基站的方式，以 12×1 的全向小区复用方式逐步发展。蜂窝式的小区结构提高了网络的覆盖能力。

（5）实现跨系统调度通信。该技术标准由摩托罗拉公司自行研发，并不对外开放，所有接口没有公开。目前，网络设备主要由摩托罗拉公司供应，因此，设备采购、建网和终端成本比较高，对新业务支持能力相对较弱，其市场竞争力不如 TETRA。

3. GoTa 技术

GoTa（全球开放式集群架构）是由中国中兴通讯股份有限公司自主研发的基于集群共网应用的集群通信体制，也是世界上首个基于 CDMA（码分多址）技术的数字集群系统。它采用 16QAM（QAM 的意思是正交振幅调制）和 QPSK（四相移相键控）的调制方式及 QCELP（高通码激励线性预测）语音编码技术，具有中国自主知识产权，具备快速接续和信道共享等数字集群公共特点。

GoTa 作为一种共网技术，主要应用于共网集群市场，其主要特色在于更有利于运营商建设共网集群网络，适合大规模覆盖，频谱利用率高，业务性能和容量方面更能满足共网集群网络和业务应用的需要。

GoTa 成功解决了基于 CDMA 技术的集群业务的关键技术问题。为了能够在 CDMA 网络上进行 PTT（一键通）通信，并且不影响原有 CDMA 系统已具备的业务功能和性能，GoTa 围绕无线信道共享和快速链接这两项关键技术提出解决方案，使新增的集群业务不会对传统通信业务和网络资源带来不利影响。与传统集群通信方式相比，GoTa 技术的优势是技术先进，业务丰富，投资少，见效快，运营成本低。

4. GT800 技术

GT800 是由中国华为技术有限公司研发的具有中国自主知识产权的基于 TDMA 的专业数字集群通信技术。GT800 是基于 GPRS（通用分组无线服务）和 GSM - R（铁路综合数字移动通信系统）开发的系统，其第二阶段与 TD - SCDMA（时分同步码分多路访问）技术结合。GT800 的第二阶段通过引入 TD - SCDMA，提供最高速率为 2 MB/s 的数据业务，通过对 TDMA 和 TD - SCDMA 进行创造性的融合和创新，为专业用户提供高性能、大容量的集群业务服务。其技术创新集中体现在集群特性的实现与增强方面，目前已形成数十项集群技术核心专利。GT800 的技术优势主要体现在以下三个方面。

（1）覆盖广。由于采用 TDMA 的技术体制，GT800 每个信道的发射功率恒定，覆盖距离仅受地形影响，能够在共享信道情况下实现广域覆盖，在用户量增多的情况下，小区覆盖不受影响，各集团共享整个 GT800 网络覆盖服务区，真正体现 GT800 集群共网广覆盖、广调度，充分利用频率资源的特性。

（2）信道共享。GT800 继承了业界成熟的数字集群技术体制，实现了真正的信道共享，组内用户的数量不受限制，用户之间不会互相干扰，真正实现“一呼万应”。

（3）动态信道分配。GT800 在话音间隙释放信道，讲话时才分配信道，大大地提高了系统组的容量，即使在容量极限情况下，也能够保证高优先级用户顺利通话。

GT800 提供了面向 3G（第三代移动通信技术）的可持续发展能力，基于 TDMA 制式的第一阶段的 GT800 系统可以方便地向与 TD－SCDMA 技术结合的第二阶段的 GT800 系统演进，充分体现保护用户投资的设计理念。

1.1.2 集群通信的标准

集群通信又称无线专用调度通信。集群通信系统是指按照动态信道指配的方式实现多用户共享多信道的无线电移动通信系统。这种系统的用户主要是政府部门、军队及铁路、水利、电力、交通、钢铁、物流等行业，用于指挥调度的通信保障。

1. 标准概况

中华人民共和国电子行业标准《数字集群移动通信系统体制》（SJ/T 11228—2000）是针对数字集群无线电通信的行业标准。该标准规定了采用 TDMA 制的数字集群移动通信系统的频段、网络结构、业务、空中接口、同步、安全性、编号、接口要求和设备的基本技术要求。

2. 标准适用范围

本标准适用于数字集群移动通信系统（包括专用网和共用网）的规划、工程设计、使用及设备的开发、生产。

3. 空中接口

数字集群移动通信系统体制的空中接口可以采用两种形式，即数字集群移动通信系统体制 A（简称体制 A）和数字集群移动通信系统体制 B（简称体制 B）。体制 A 主要用于专业调度，体制 B 主要面向共用集群通信网。两种体制原理相同，参数不同。运营商可以根据两种体制的特点和实际需求选用其中一种体制及相应的空中接口。下面以体制 A 的空中接口为例进行介绍。

（1）接口类型。本标准规定体制 A 有六个标准接口。

1）空中接口。空中接口分为集群方式空中接口和直通方式空中接口两种类型。

集群方式空中接口是指移动台与基站之间的空中接口。经此接口可在网络基础设备的控制下实现移动台与移动台之间、移动台与 PSTN（公众交换电话网）、ISDN（综合业务数字网）、PDN（分组数据网）和 PTN（专用电话网）用户之间的通信。

直通方式空中接口是指移动台与移动台之间的空中接口。经此接口使移动台之间能不经网络基础设施而直接进行通信。

2）数字集群系统间的接口。数字集群系统间的接口用来实现不同生产厂家的系统交换机互连。

3）终端设备接口。终端设备接口用来实现移动台与外部终端设备（如计算机等）之间的连接。

4）与其他公网和专网的接口。这类接口用来实现与 PSTN、ISDN、PDN 和 PTN 等的连接。

5）网管接口。网管接口用来实现与网管设备的连接。

6）有线台接口。有线台接口用来实现与本地有线用户台的连接。

（2）空中接口网络协议结构。体制 A 空中接口网络协议栈如图 1—1 所示。

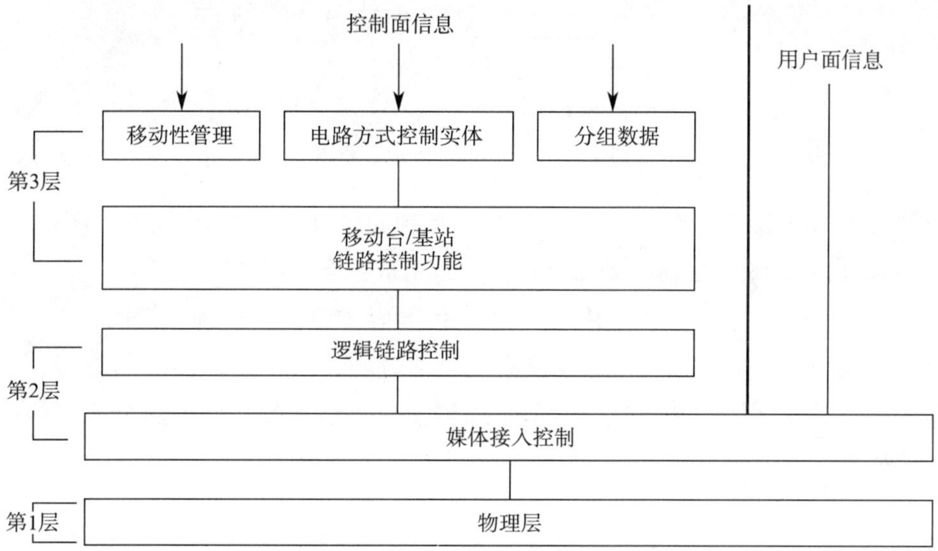

图 1—1　体制 A 空中接口网络协议栈

1）业务类型

①控制面业务。控制面业务包括移动性管理、电路方式控制实体、分组数据。移动性管理控制漫游、迁移和切换。电路方式控制实体负责呼叫控制、补充业务和短数据业务。分组数据分为面向连接的网络业务和无连接的网络业务。移动性管理、电路方式控制实体和分组数据统称为子网络接入功能。

②用户面业务。用户面业务包括明话和密话、电路方式不保护数据、电路方式保护数据（低保护）、电路方式保护数据（高保护）及端对端用户数据。

2）信息类型

①控制面信息。控制面信息是指全部信令信息，包括控制信令和分组数据。

②用户面信息。用户面信息是指电路方式话音或电路方式数据，包括端对端用户数据。

（3）TDMA 帧结构。由 4 个时隙构成 1 个 TDMA 帧，帧长 56. 67 ms，由 18 个 TDMA 帧构成 1 个复帧，复帧长 1. 02 s。复帧的第 18 帧为控制帧。每个时隙为 14. 17 ms，如图 1—2 所示。

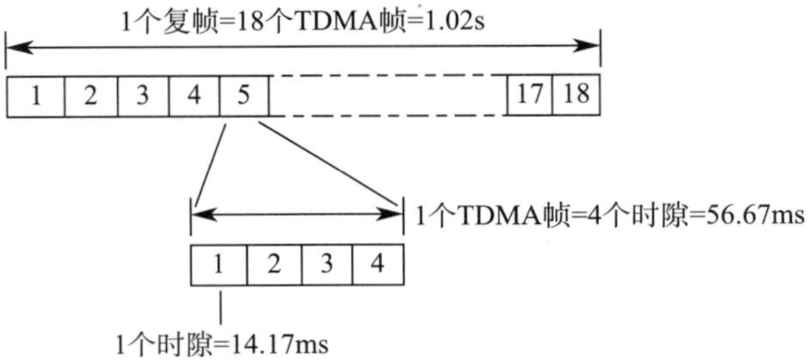

图 1—2　TDMA 帧结构示意图

以话音加数据电路方式工作时，把 18 帧复帧长的业务压缩在 17 个 TDMA 帧中传送，从而允许将第 18 帧用作控制信令，而不致造成数据流的中断。

（4）话音编码。话音编码采用 ACELP（代数码本激励线性预测编码），如图 1—3 所示。在常规工作情况下，一个时隙传输两个话音帧，两个话音帧一起编码、交织以改进坚固性。在发生信令挪用时，一个时隙传输一个话音帧。如果两个话音帧都被挪用，则编码器无话音输出。

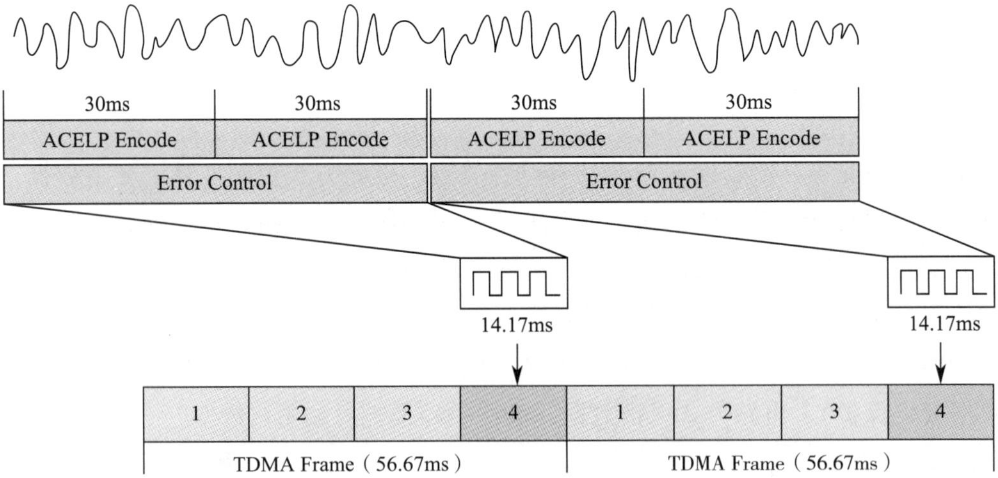

图 1—3　代数码本激励线性预测

上海轨道交通专用无线系统（数字集群 TETRA 系统）的接口示意图如图 1—4 所示。对比行业标准的六个标准接口，上海轨道交通的数字集群系统少了有线台接口，原因是上海轨道交通无此需求。

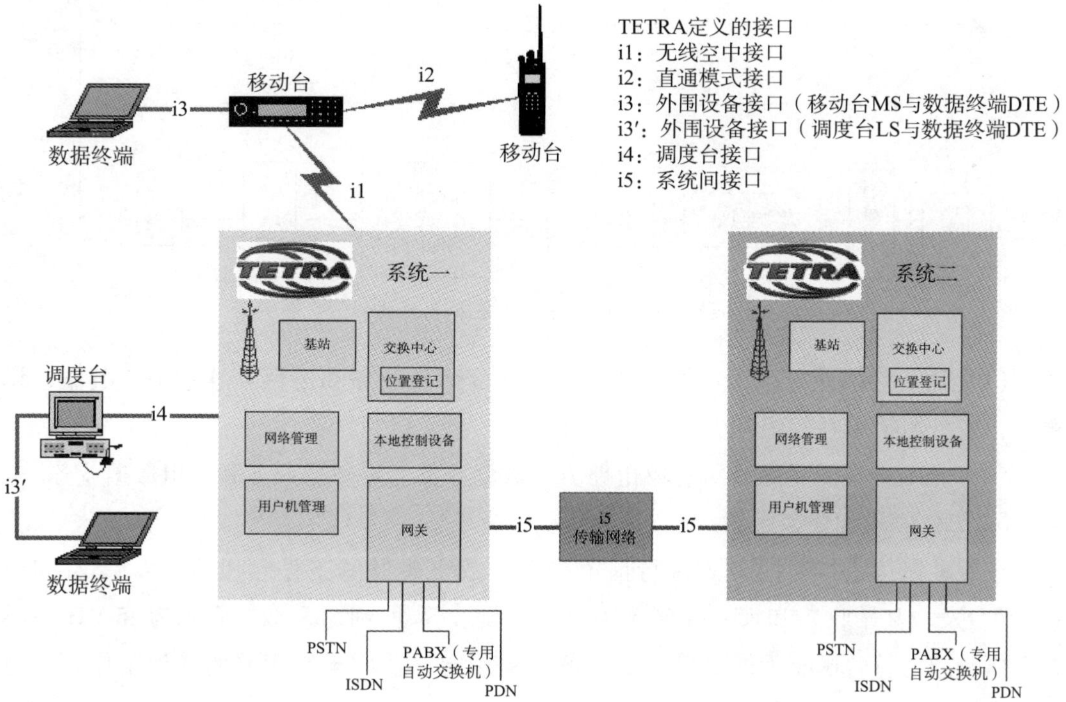

图 1—4　上海轨道交通 TETRA 数字集群系统的接口示意图

4. 系统特性

除接口特性以外，TDMA 数字集群移动通信系统主要特性如下。

（1）业务信道全忙时，信令信道可作为业务信道使用。

（2）故障弱化，即基站与交换节点连接失败（失效）时，基站仍能继续通信，但系统不提供全功能服务。

（3）系统为群体用户提供专用调度台，组成虚拟专用网。

（4）支持鉴权功能。

（5）支持空中接口加密功能。

（6）支持端到端加密功能。

（7）支持直通工作方式。

（8）同一交换局内，呼叫建立时间不大于 500 ms。

5. 基本业务

数字集群的基本业务包括用户终端业务和承载业务，如图 1—5 所示。图中 TE 是指终端设备，包括 NT（网络终端）和 MT（移动终端）。

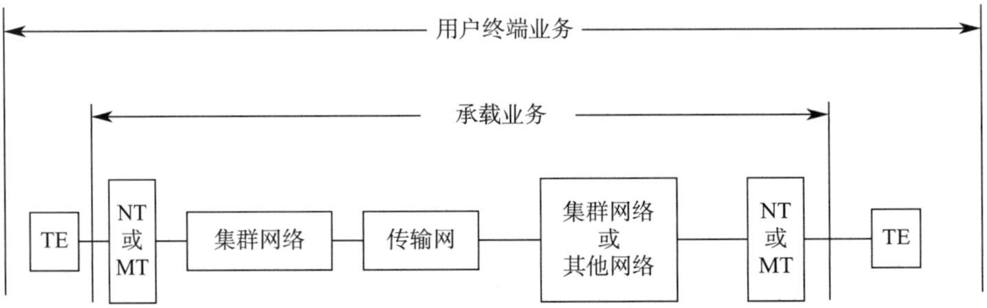

图 1—5　用户终端业务和承载业务

（1）用户终端业务。用户终端业务包括调度话音业务和电话互连业务。其中，调度话音业务包括单呼、组呼。

（2）承载业务。承载业务包括电路方式数据业务、短数据业务和分组数据业务。

6. 工作频段和信道配置

按照动态信道指配的方式进行信道配置，数字集群的工作频段为 806 ~ 821 MHz（移动台发、基站收）和 851 ~ 866 MHz（基站发、移动台收）。双工间隔为 45 MHz。具体工作频率应符合国家无线电管理部门的有关规定，适用于专用网的其他工作频段也应符合国家无线电管理部门的有关规定。

上行载波中心频率 $f_{上}$ 的计算式如下：

$$f_{上}=f_{上\min}+0.001G+0.025\ (C-0.5)$$

式中　$f_{上}$——上行载波中心频率，MHz；

$f_{上\min}$——上行载波最小频率，MHz；

G——防卫带（按国家无线电管理部门的相关规定设置），kHz；

C——信道号码，$C=1$、2、…、600。

下行载波中心频率 $f_{下}$ 的计算式如下：

$$f_{下}=f_{上}+D$$

式中　$f_{下}$——下行载波中心频率，MHz；

D——双工间隔，MHz。

7. 网络结构

数字集群移动通信系统体制的网络结构可以采用体制 A 和体制 B 两种形式。其中，体制 A 的网络结构分为多交换中心（见图 1—6）和单交换中心。体制 B 的网络结构图如图 1—7 所示。运营商可以根据两种体制的特点和实际需求选用其中一种制式及相应的网络结构。

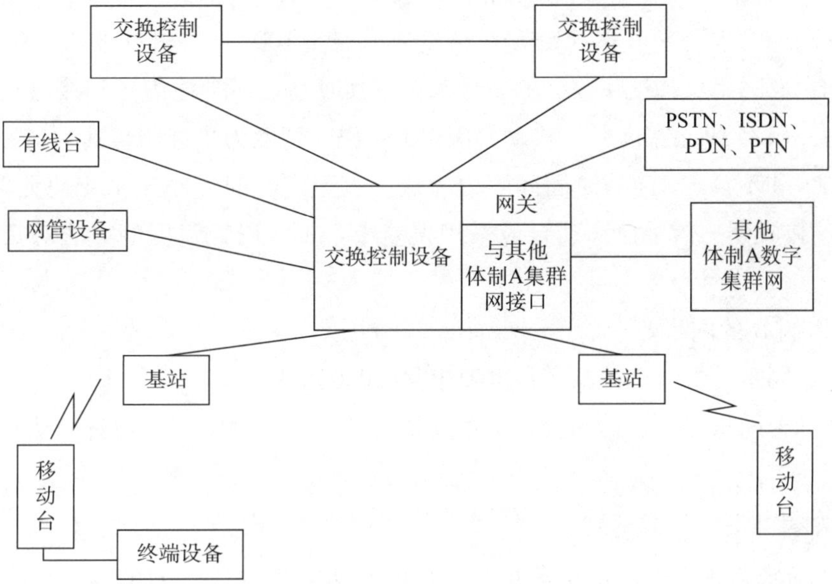

图 1—6　体制 A 多交换中心网络结构图

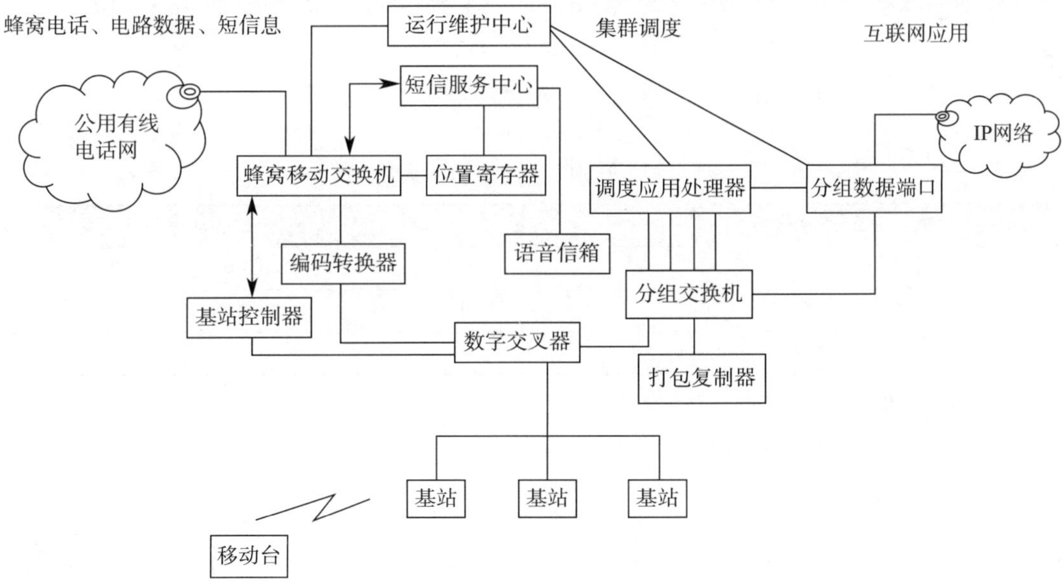

图 1—7　体制 B 网络结构图

8. 同步要求

（1）体制 A 的同步要求

1）基站同步要求。载频的产生和时基时钟共用一个频率源，频率源频率容差优于 $\pm 0.1\times10^{-6}$（载频低于 520 MHz 时优于 $\pm 0.2\times10^{-6}$）。

2）移动台同步要求。移动台频率精度要求是 ±100 Hz（相对于从基站接收的频率），移动台应利用从基站接收到的信号来调整其时基。当本地信号和接收到的信号之间的时差大于 1/4 码元宽度时，移动台应以 1/4 码元宽度为步进调整其时基。此调整应在不少于 1 s 和不大于 3 s 的时间间隔内完成。直至定时时差小于 1/4 码元宽度为止。对于从基站接收到的信号，移动台应采用误差小于 1/8 码元宽度的方法对其进行时间测量。

（2）体制 B 的同步要求

1）基站同步要求。基站频率精度要求是 $\pm 0.06\times10^{-6}$。

2）移动台同步要求。移动台频率精度要求是 $\pm 0.25\times10^{-6}$（相对于从基站接收的频率）。

9. 电磁兼容性

电磁兼容性是指系统的设备在正常运行时对所在环境产生的电磁干扰不能超过一定的限值和系统的设备在运行时对所在环境中存在的电磁干扰具有一定程度的抗干扰度，又称电磁敏感性。对数字集群系统而言，本标准对系统的电磁兼容性做了如下规定。

（1）移动台和基站靠近载波的无用发射限制见表 1—1。

表 1—1　　移动台和基站靠近载波的无用发射限制

偏离标称载波频率	无用发射最大允许电平
25 kHz	−60 dBc
50 kHz	−70 dBc
75 kHz	−70 dBc

注：1. dBc 是指相对于载波电平的相对值。
2. 无用发射的绝对电平应不大于 −36 dBm。

（2）移动台和基站远离载波的无用发射。对于移动台和基站，其离散寄生发射的最大允许电平为 −36 dBm（测量带宽为 100 kHz），其宽带噪声的最大允许电平见表 1—2。

表 1—2　　移动台和基站的宽带噪声限值表

偏离标称载波频率	宽带噪声的最大允许电平		
	4 级移动台（1 W）	3 级移动台（3 W）	2 级移动台（10 W） 1 级移动台（30 W） 全部基地台
100～250 kHz	−75 dBc	−78 dBc	−80 dBc
>250～500 kHz	−80 dBc	−83 dBc	−85 dBc
>500 kHz～5 f_{rb}	−80 dBc	−85 dBc	−90 dBc
>f_{rb}	−100 dBc	−100 dBc	−100 dBc

注：1. f_{rb}是对应于接收机频带边缘的频率偏离。
　　2. 无用发射的绝对电平应不大于 −70 dBm。

10. 抗干扰规定

对数字集群移动台和基站接收机的抗干扰规定如下。

（1）共道抗扰性。基站接收机和移动台接收机的共道抗扰性要求为：载波电平 C 与共道干扰电平 I_C之比优于 19 dB。

（2）邻道抗扰性。基站接收机和移动台接收机的邻道抗扰性要求为：载波电平 C 与邻道干扰电平 I_A之比优于 −45 dB。

（3）阻塞电平。基站接收机和移动台接收机的阻塞电平要求见表 1—3。

表 1—3　　基站接收机和移动台接收机的阻塞电平要求

偏离标称接收机频率	阻塞电平（干扰信号电平）
50～100 kHz	−40 dBm
>100～200 kHz	−35 dBm
>200～500 kHz	−30 dBm
>500 kHz	−25 dBm

（4）寄生响应抗扰性。基站接收机的寄生响应抗扰性要求为 70 dB，移动台接收机的寄生响应抗扰性要求为 67 dB。

（5）互调响应抗扰性。基站接收机的互调响应抗扰性要求为 68 dB，移动台接收机的互调响应抗扰性要求为 65 dB。

（6）无用传导发射。基站或移动台处于接收状态时的发射称为无用传导发射。无用传导发射的最大允许电平见表1—4。

表1—4　　无用传导发射的最大允许电平

频率范围	最大允许电平
9 kHz ~ 1 GHz	-57 dBm
>1 ~ 4 GHz	-47 dBm

（7）无用辐射发射。基站或移动台处于非发射状态时的机壳辐射称为无用辐射发射。无用辐射发射的最大允许电平见表1—5。

表1—5　　无用辐射发射的最大允许电平

频率范围	最大允许电平
30 MHz ~ 1 GHz	-57 dBm
>1 ~ 4 GHz	-47 dBm

11. 安全性

为保障通信的安全性，可以采取空中接口鉴权、空中接口加密和端对端加密三种措施。

数字集群移动通信系统应支持空中接口鉴权、空中接口加密和端对端加密。当用户有鉴权和空中接口加密的需求时，供应商应能支持系统的鉴权、空中接口加密，并提供空中接口加密的软件和硬件平台。当用户需要端对端加密时，供应商提供的设备应具有用户加密的接口和加密硬件的物理空间。其中，空中接口鉴权有以下四种实施方式。

（1）网络基础设施对用户鉴权。网络基础设施对用户鉴权采用“询问—应答协议”。

（2）移动台对网络基础设施鉴权。移动台对网络基础设施鉴权采用“询问—应答协议”。

（3）移动台和网络基础设施相互鉴权。移动台和网络基础设施相互鉴权所用算法和密钥与单向鉴权相同。相互鉴权由第一被询问方（非发起鉴权方）决定，即首先询问方发起（单向）鉴权，应答方启动相互鉴权。相互鉴权时，如果第一次鉴权为假，则放弃第二次鉴权。相互鉴权有两种类型：网络基础设施首先发起的鉴权和移动台首先发起的鉴权。

（4）设备鉴权。需要时，基站可以要求移动台发送加密的设备识别码，在登记时对设备鉴权。

1.2　移动通信技术

学习目标

✓ 了解移动通信的分类
✓ 掌握信道的分配原则

知识要求

1.2.1　移动通信的分类

1. 公用移动通信

公用移动通信又称公共移动通信，是为普通民众提供服务的移动通信系统。公用移动通信网为个人提供移动电话业务，由于用户众多，容量大，为了提高频率利用率，采用小区或微小区蜂窝方式组网，必须与公用电话交换机互连，形成整个地区和国家规模的通信网，具备国内和国际漫游功能。公用移动通信从第一代蜂窝状模拟移动通信网发展至今已经进入第四代数字蜂窝移动通信网，它所采用的技术从第一代的 FDMA（频分多址）到第二代的 GSM（全球移动通信系统）、TDMA，第三代的 CDMA、WCDMA（宽带码分多址）、CDMA2000、TD－SCDMA，及目前第四代的 TD－LTE（分时长期演进），从最初以电话通信为主要目的到现在 4G（第四代移动通信技术）系统提供除电话通信外的无线多媒体通信服务，它所提供的服务包括语音、数据、影像等，大量信息通过宽频信道传送出去。公用移动电话服务对象同有线电话一样，用户接续平等，没有优先权和特权用户功能，并采用双工通信方式。目前，5G（第五代移动通信技术）设备正在试验应用过程中。

2. 专用移动通信

专用移动通信网为专业人员或生产一线调度人员使用，必须具有群呼、组呼、会议呼和优先、强拆强插等功能，在紧急情况下可以临时将几个系统进行指挥调度，所以必须有动态重组功能。另外，在专用移动通信网中需要通话简练，所以双工通信方式不适合调度工作，但必须具备半双工、单工及脱网直接对讲功能。

专用移动通信网分为共同调度集群移动通信网和专用集群通信网。集群就是将有限的通信资源提供给大量用户使用，具有代表性的系统有前文提到的 TETRA、iDEN、GoTa 和 GT800，主要作为行业调度指挥的通信保障。集群通信网又分为数字集群和模拟集群两种。

3. **大区制小容量移动通信**

大区制又称集群通信，是指在一个服务区域内只有一个基站，直接负责所有使用者终端与中心的联络与控制。大区制移动通信系统基站少，处理速度慢，为了避免不同使用者终端之间的干扰，频谱利用率及通信容量受到极大限制，系统所能容纳的总用户数量较少。大区制小容量是指为了增加服务区通信用户的数量，大区制通信网必须增加基站的信道数，但由于技术条件的限制，信道数的增加是有限的，因此，大区制只适用于小容量的通信网。大区制小容量移动通信网示意图如图 1—8 所示，图中 BS 是指基站，MS 是指移动台，R 是指远端机。大区制小容量移动通信网由于设备成本相对较低，适用于专用无线通信网。

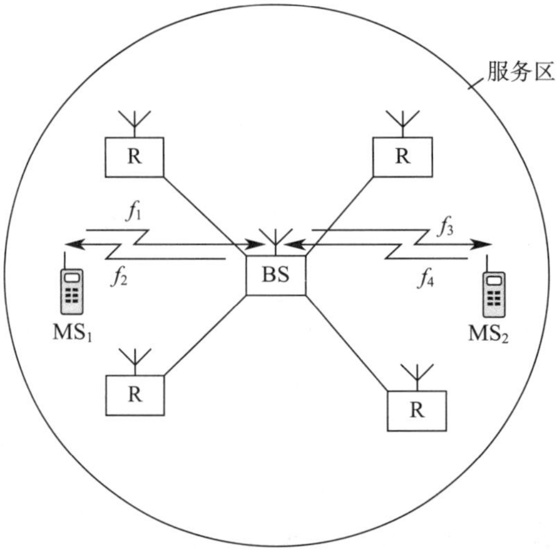

图 1—8　大区制小容量移动通信网示意图

移动通信按工作方式不同也可分为单工制、半双工制、双工制，按应用领域不同也可分为海事卫星移动系统、航空卫星移动系统和陆地卫星移动系统。

1.2.2　集群移动通信系统

集群移动通信系统是一种用于集团调度指挥通信的移动通信系统，主要应用在专业移动通信领域。集群方式是指多个部门使用者共有一组无线信道，并按需动态分配使用这些信道，即多信道共享方式。集群通信的最大特点是话音通信采用 PTT（push to talk，一键通）方式接续。

1. 按需分配及信道的动态分配

数字集群目前普遍采用 TDMA 技术，其基本原理是将一个 25 kHz 带宽的载频频点分为四个时隙，每个时隙为一个信道，可同时支持四个用户通信，达到 4∶1 的频谱利用率，扩大了系统容量。TDMA 原理如图 1—9 所示。

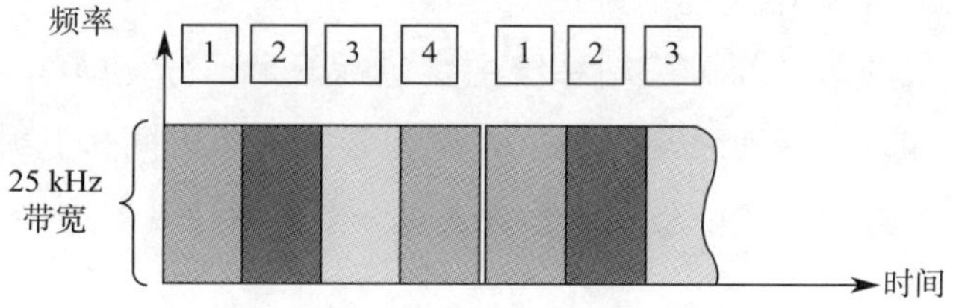

图 1—9　TDMA 原理图

信道动态分配是指在完成的通话过程中，每按一次 PTT 键，都会更换一个信道，用户通信由基站控制器按新进用户优先原则分配空闲信道。具备预占优先功能的通话组具有更高的优先级，在没有空闲信道的情况下，可以强拆已经在用的信道进行通信。

2. 信息集群

信息集群又称消息集群，在一次通话过程中，系统给通话组分配一条无线信道，从移动台松键开始经 6 ~ 10 s 延迟时间后，该通道看作时间已过，可分配给其他用户组。当系统处于集群工作方式时，信息集群是指在整个通话期间，系统分配给用户一条无线信道，直至通话结束。信息集群方式的效率较低，因为在通话间隙没有信息传输时仍然占用信道。

3. 传输集群

传输集群又称发射集群，是指在单工或半双工工作时，用户按下 PTT 键就占用一个空闲通道，松开 PTT 键后系统立即将该信道分配给其他用户使用。当系统处于集群工作方式时，传输集群是指用户通话以对讲为单位来申请和分配信道，用户按下 PTT 键，系统立即为其分配一条空闲信道；通话完毕，用户松开 PTT 键，系统立即释放其所占用信道，该信道可以再分配给其他用户使用。传输集群方式提高了信道利用率。由于传输集群方式的通话信道是随机的，在通话完成后，分配的信道就给其他用户使用，因此如果 PTT 按讲操作不熟练，可能导致通话不连续，完整性变差。

4. 准传输集群

准传输集群是传输集群的改进型，又称准发射集群。它是为了克服传输集群的缺点而改进的，它兼顾信息集群和传输集群的优点。在准传输集群系统中，如果通话尚未结束而话音通道在传输时释放，可用“新近系统用户优先权”的原理来减少通话中的延迟。用户通话结束松开 PTT 键后，系统需要经过较短的脱网时间（0.1 ~ 6 s）才能释放所占用信道，如果在脱网时间内，通话一方再次按下 PTT 键，则保留原有信道。

5. 集群通信系统的集中式控制方式

集中式控制方式的单区间单基站系统主要包括五个部分，即移动台、调度台、基站、系统控制中心和系统管理终端。集中式控制方式的单区间多基站系统受一个控制器控制。集中式控制方式的多中心多区系统通过一个区域控制器连接。

1.3 天馈系统

学习目标

✓ 了解天线和泄漏电缆的特点
✓ 掌握天线和泄漏电缆的主要参数

知识要求

1.3.1 天线

1. 天线的概念和特点

天线是一种变换器，它把传输线上传播的导行波变换成在无界媒介（通常是自由空间）中传播的电磁波，或者进行相反的变换。天线是在无线电设备中用来发射或接收电磁波的部件。一般天线都具有可逆性，即同一副天线既可用作发射天线，也可用作接收天线。

富兰克林天线分为底馈与中馈两种类型。

多段同轴振子天线在垂直平面的波瓣宽度随段数的增加而变窄。

直立共线阵即按天线阵理论将垂直振子在垂直于地面的直线上排阵，以压缩垂直平面的波瓣宽度。

2. 天线的主要参数

天线的主要参数可分为两部分，一部分描述天线在电路中的特性，即阻抗特性、驻波比、回波损耗；另一部分描述天线与自由空间中电波的关系，即辐射特性。天线的输入阻抗是天线馈电端输入电压与输入电流之比。

（1）天线在电路中的特性。天线输入阻抗的意义在于天线和电路的匹配，目前常用天线的特性阻抗一般为50 Ω。当天线的输入阻抗和电路的输出阻抗相同时，即为阻抗匹配状态，这时天线和电路的信号收发正常；而当这两个阻抗值不同时，即为阻抗不匹配状态，这时天线和电路的接口处收或发的信号会有反射现象，导致天线和电路的信号收发会有损耗，严重时无法正常工作。

（2）天线的辐射特性。描述天线辐射特性的主要参数是方向图、增益、极化、效率。为了得到有利的传输条件，基站天线往往架在尽可能高的地方，而发射机合路器的作用是使一组发射机共享一根或一副天线。

3. 天线共用设备的组成

天线共用设备又称天馈系统，一般除基站以外，其他无源射频器件包括功分器、耦合器、衰减器、泄漏电缆（简称漏缆）、吸顶天线、射频负载等，这些无源射频器件组成的基站天馈系统将基站信号覆盖至轨道交通车站的隧道区间、站厅区域、站台区域、车站设备机房及办公区域。

1.3.2 泄漏电缆

基站与移动站之间的通信通常是依靠无线电传送的。目前，随着通信业的不断发展，要求基站与移动站之间随时随地能接通，甚至要求在隧道（地铁）中也是如此。然而在隧道（地铁）中，移动通信用的电磁波传播效果不佳，而且在隧道中利用天线传输通常也很困难，所以关于泄漏电缆的研究应运而生。

泄漏电缆是一种专门用于无线通信的特殊天线，其外形与常用的高频同轴电缆相似，但泄漏电缆的外导体不是全屏蔽的，开有泄漏槽，因此，在泄漏电缆内导体中传输的一部分信号就通过泄漏槽泄漏到电缆附近外部自由空间，形成一个均匀、连续的电磁场，起到信号覆盖的作用。泄漏电缆使用频率宽，场强辐射均匀、稳定，具有较高的抗压强度和抗张强度。泄漏电缆的主要参数包括驻波比、耦合损耗、传输损耗和环阻。

1. 特点

泄漏电缆与普通天线相比，优点是辐射信号分布均匀，频带宽，可以为特定封闭区域提供优良的覆盖。泄漏电缆与普通天线的区别可以用荧光灯管与电灯泡灯光照射面的区别来形象地说明，如图 1—10 所示，图中荧光灯管模拟泄漏电缆，电灯泡模拟普通天线。

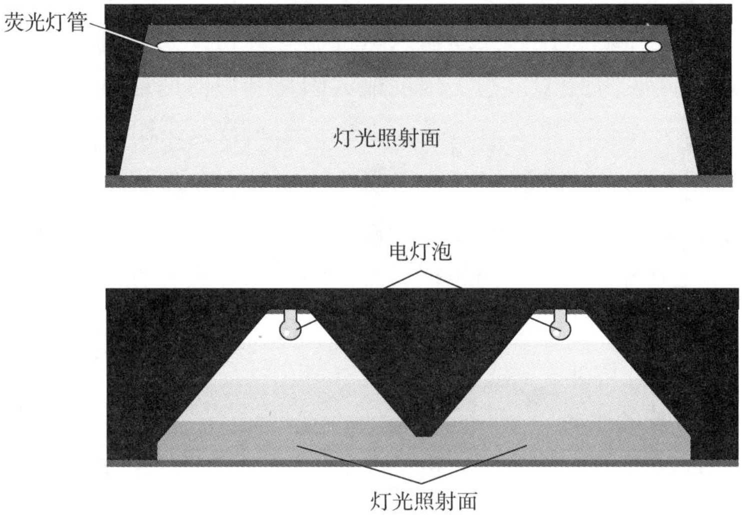

图 1—10　荧光灯管与电灯泡灯光照射面的区别

泄漏电缆广泛应用于封闭空间如地下隧道、地铁和封闭的建筑物内部空间等的无线信号覆盖。

2. 结构

泄漏电缆外形与常用的高频同轴电缆相似。泄漏电缆由内导体、绝缘介质和开有周期性槽孔（泄漏槽）的外导体三部分组成，如图 1—11 所示。

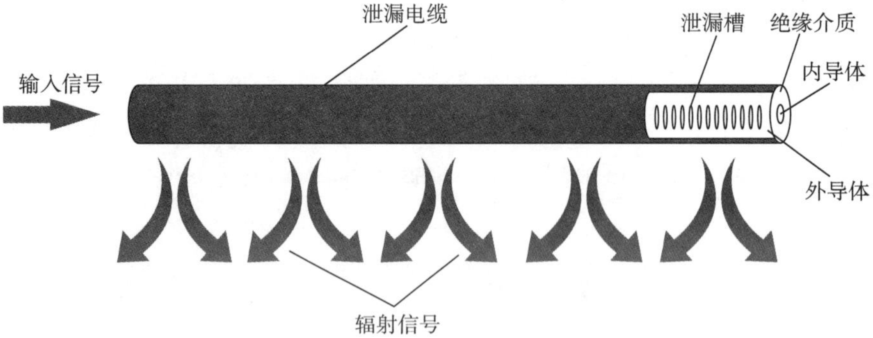

图 1—11　泄漏电缆的结构

3. 主要参数

泄漏电缆的主要参数包括驻波比、耦合损耗、传输损耗和环阻。

4. 分类

根据信号与外界的耦合机制不同，泄漏电缆主要分为辐射型、耦合型和泄漏型三种。

（1）辐射型。辐射型泄漏电缆的电磁场由外导体上周期性排列的槽孔产生，如图1—12 所示。槽孔间距 d 与工作波长 λ 相当，辐射模式所有槽孔都符合相位叠加原理。只有当槽孔排列恰当且在特定辐射频率段，才会出现辐射模式。也只有在很窄的频率段下，才有较低的耦合损耗；高于或低于此频率，都将因干扰因素导致耦合损耗增加。

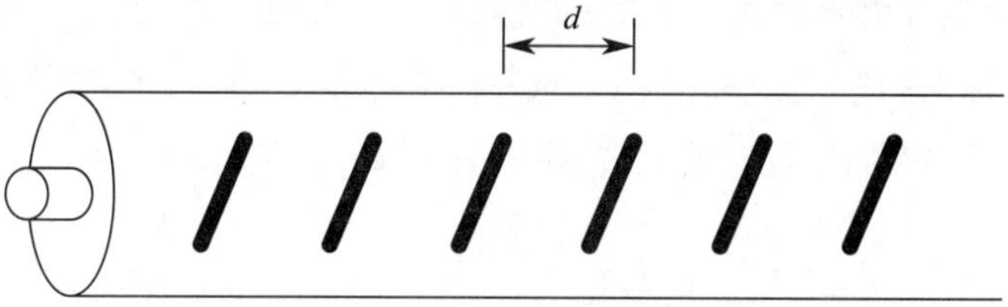

图 1—12　辐射型泄漏电缆示意图

（2）耦合型。耦合型泄漏电缆则有许多不同的结构形式，如在外导体上开一长条形槽，或开一组间距 a 远远小于工作波长 λ 的小孔（见图 1—13），还有就是两侧开缝。内部电磁场通过小孔衍射激发外导体外部的电磁场。电流沿外导体外部传输，电缆好像一个可移动的长天线向外辐射电磁波。因此，耦合型泄漏电缆等同于一根长天线。

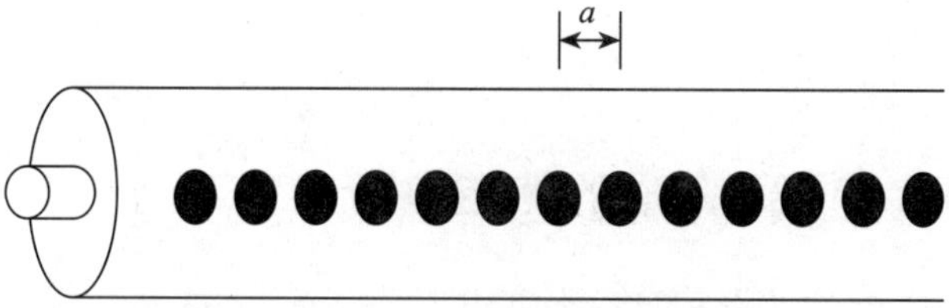

图 1—13　耦合型泄漏电缆示意图

（3）泄漏型。这种模式可理解为在一根非泄漏电缆中插入一段泄漏电缆，如图1—14 所示。这样一段泄漏电缆等同于一个通过功率分配器与同轴电缆相连的定位天线。其电缆内部只有一小部分能量转化为辐射能。应选择合适的泄漏段间距，以便为不同频段提供满意的传输效果。事实表明，10 ~ 50 m 间距可满足 1 000 MHz 内所有情形的通信。

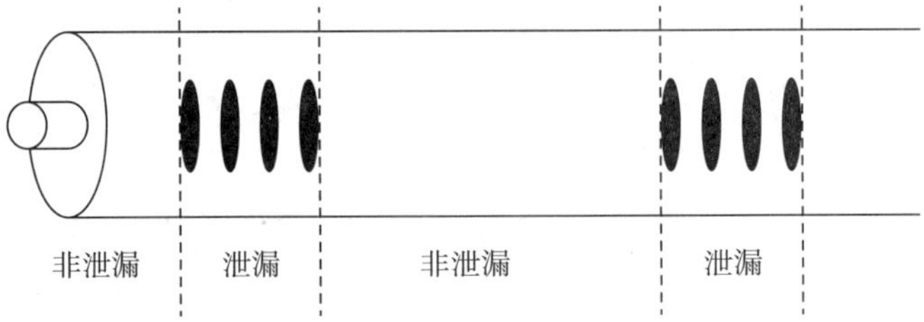

图 1—14　泄漏型泄漏电缆示意图

这样设计的泄漏电缆在同样的条件下又可作为连续的补偿馈线，且具有更好的衰减常数和耦合损耗特性。泄漏部分相当于有效的“模式转换器”，可以控制电缆附近的电磁场强度大小。

使用此类泄漏电缆的通信系统的一个特点是泄漏部分长度占电缆总长度的 2% ~ 3%，可减少由于辐射引起的附加损耗。这些“模式转换器”有很低的插入损耗，通常只有 0.2 dB 或 0.3 dB，因此，使用这些“模式转换器”引起的电缆纵向衰减增加很小。

1.4　专用无线单元设备

学习目标

✓ 了解手持电台、车载台、固定台的结构特点
✓ 能够进行手持电台的操作

知识要求

1.4.1　TETRA 专用 MTP850 型手持电台

MTP850 型手持电台作为 TETRA 数字集群通信系统内重要的用户终端设备，是确保安全运营的重要通信工具。MTP850 型手持电台的样机及操作键分布如图 1—15 所示。MTP850 型手持电台有两种充电方式，如图 1—16 所示。MTP850 型手持电台电池电量显示和电池充电进度显示如图 1—17 所示。下面介绍 MTP850 型手持电台常用的操作方法。

1. 开关机

按住开关键 2 s，可以打开或关闭 MTP850 型手持电台（以下简称对讲机）。

图 1—15　MTP850 型手持电台的样机及操作键分布

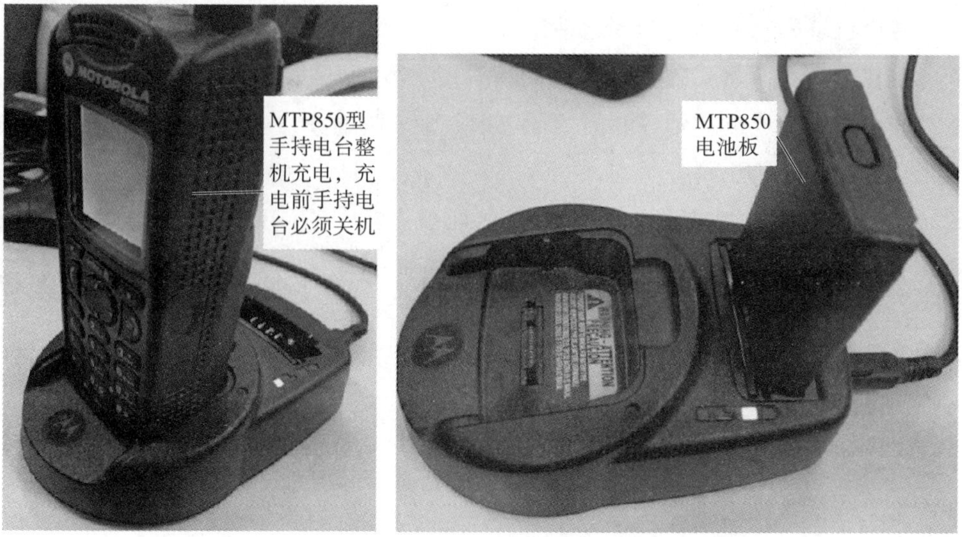

图 1—16　MTP850 型手持电台两种充电方式

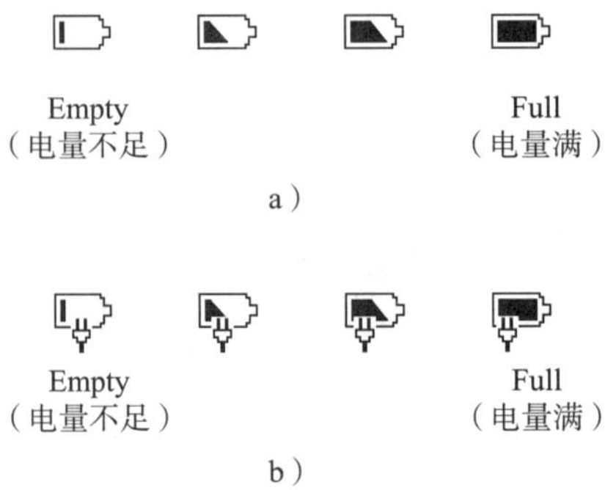

图 1—17　MTP850 型手持电台电池电量显示和电池充电进度显示

a）电池电量显示　b）电池充电进度显示

2. 通话

（1）组呼。组呼是指用户与自己选择的通话组中的其他成员之间的即时通信，组呼参与者可以在组呼过程中加入（新增）和退出该组呼。通话组是指预先规定的一组用户，可以加入或发起组呼。在对讲机的屏幕上，以号码和名称表示通话组。组呼的操作步骤如下。

1）在待机屏幕中按“选项”键。

2）选择希望选择的文件夹，然后按“选择”键。

3）选择想要的通话组，然后按“选择”键。

4）对讲机屏幕将显示选择的通话组。

5）按住 PTT 键，即可对通话组中的所有成员发起呼叫。

6）通话组中的成员听到呼叫需要回答时，只需按住 PTT 键即可回答。组呼的通话组示意图如图 1—18 所示。

（2）私密呼叫。私密呼叫又称点对点呼叫或个呼，是指两个用户之间的呼叫，其他对讲机均无法听到通话内容。同一通话组或不同通话组之间的用户均可进行这种呼叫。私密呼叫屏幕显示如图 1—19 所示，私密呼叫的操作步骤如下。

1）在待机屏幕拨号。

2）按 PTT 键然后松开，对讲机发出铃声等待对方接听，这种方式又称回呼。

3）对方听到呼叫后按住 PTT 键回答。

4）结束通话按结束键。

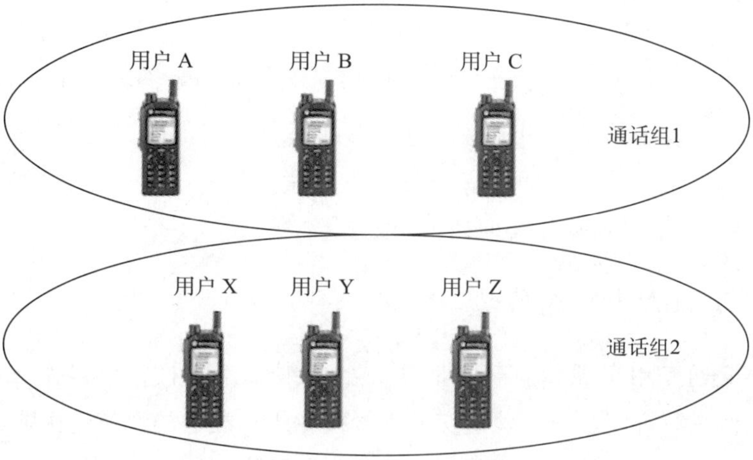

图 1—18　组呼的通话组示意图

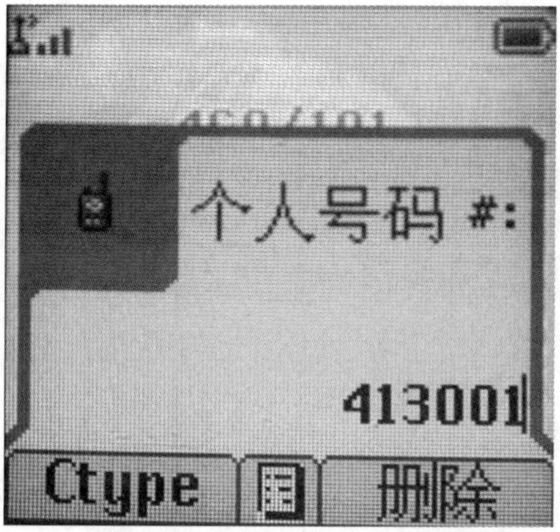

图 1—19　私密呼叫屏幕显示

（3）DMO 呼叫。DMO（直通模式）呼叫时，对讲机可以不经系统网络进行通信，用户可以与通话组中采用相同频率的其他处于 DMO 状态的对讲机进行通信。DMO 呼叫的操作步骤如下。

1）将参与 DMO 呼叫的对讲机切换至 DMO 状态。

2）如果当前通话组是希望通信的通话组或大组，那么请直接按住 PTT 键，然后通过麦克风进行通话。

3）松开 PTT 键，接听。

4）选择通话组或大组的步骤与组呼相同。

3. 紧急呼叫

可在集群模式和直通模式下进行紧急呼叫。在标准的集群模式下，只要按紧急呼叫键，对讲机就会发送紧急呼叫报警消息，发起紧急呼叫的一方可以按住 PTT 键开始通话。调度台和选定通话组中的所有成员将收到紧急组呼。要退出紧急呼叫模式，请按住结束/返回键，对讲机将切换回初始模式。

1.4.2 TETRA 专用车载台

上海轨道交通专用车载台有多种版本，各条线都不一样，但操作方法大同小异。现以 1 号线为例进行说明。上海轨道交通 1 号线专用车载台的设备连接图如图 1—20 所示。TETRA 专用车载台由主机、操作终端、喇叭、受送话器、车顶天线及若干电缆组成，各设备安装在列车的驾驶室内。下面介绍 TETRA 专用车载台的常用操作方法。

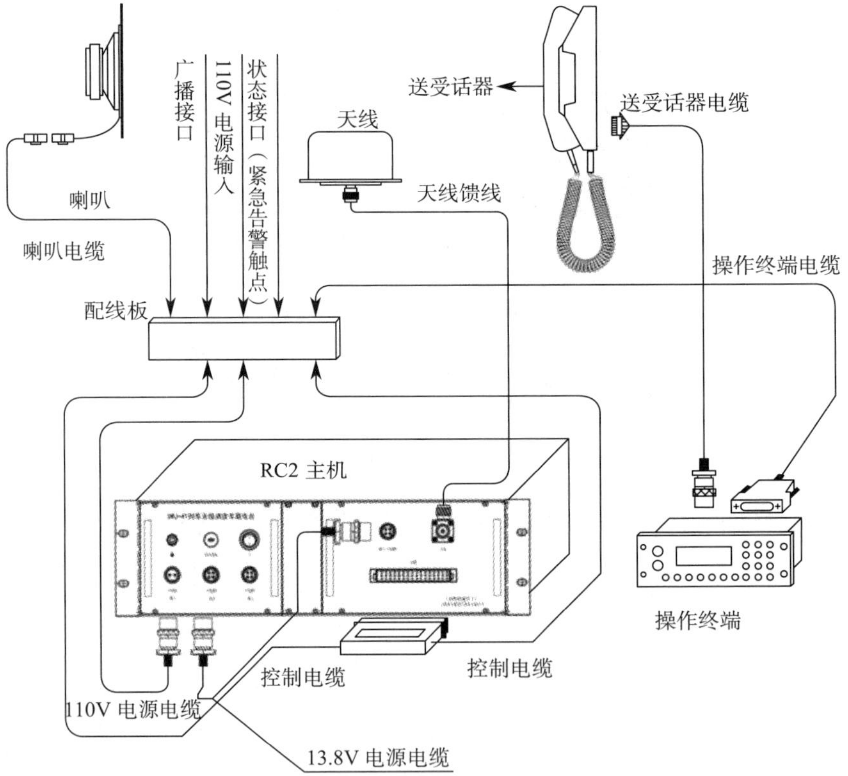

图 1—20　上海轨道交通 1 号线专用车载台的设备连接图

1. 开关机

专用车载台的电源由列车机电系统供给，为 DC 110 V。车载台主机上没有专门的电源开关，车载台操作终端如图 1—21 所示。“110 V 电源输入”的连接电缆一端接入车载台主机，另一端接入列车弱电机柜，在列车弱电机柜控制面板上有对应的空气开关控制 110 V 电源的接入。车载台需要开机时，操作人员只要将空气开关推上即可；车载台需要关机时，操作人员只要将空气开关推下即可。

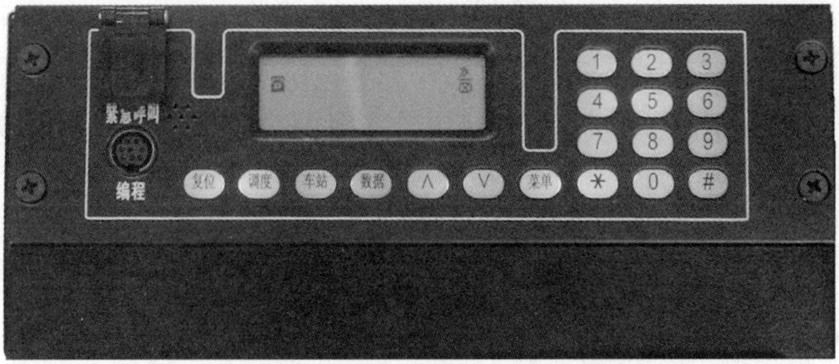

图 1—21　车载台操作终端

2. 注册

车载台注册的操作步骤如下。

（1）按“菜单”键，再按数字键“1”（或使用方向浏览键将光标移至“注册”上），按“#”键确认。按数字键“2”（或使用方向浏览键将光标移至“位置请求”上），按“#”键，对列车的位置进行确认。

（2）显示屏显示“请输入车次号:”。

（3）按数字键输入五位车次号，如果输错可按“*”键从最后一位开始删除，之后输入正确的数字，输完按“#”键确认。

（4）显示屏显示“注册中……”。

（5）如果显示屏显示“注册成功”，此时喇叭“嘟”长响一下；如果显示屏显示“注册失败”，此时喇叭会“嘟嘟嘟”短响三下。

（6）注册成功，图标☒会变为 OK，车载台处于已注册状态，按电话听筒上的 PTT 键不能直接呼叫调度，可以请呼调度、车站、机车及发送预定义短消息。

（7）注册失败，图标☒不变，此时按 PTT 键仍然可以直接呼叫车辆段或停车场调度，但无法请呼调度、车站、机车及发送预定义短消息。

上述步骤可以用流程图表示，如图 1—22 所示。

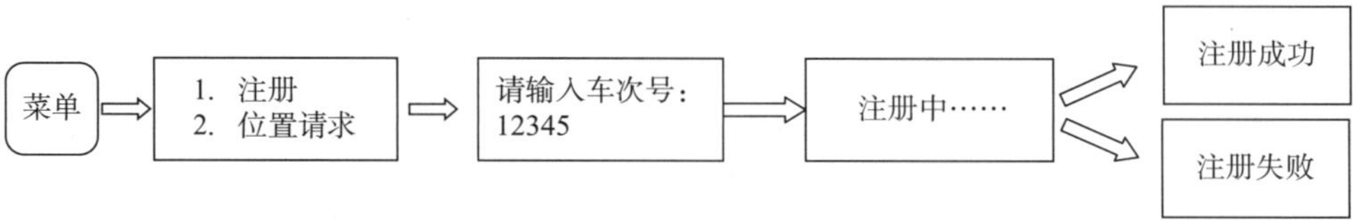

图 1—22　车载台注册流程图

3. 通话

车载台通话包括接收呼叫和发起呼叫两种情况。

（1）接收呼叫。当车载台接收到呼叫时，喇叭将会发出“嘟”一声的提示音，车载台屏幕会出现“组呼建立”的文字显示和呼叫发起方的号码。对方松开 PTT 键后，终端也会发出“嘟”一声的提示音，“组呼建立”的文字依然显示，呼叫发起方的号码变为当前使用的通话组名称。呼叫结束，显示屏“组呼建立”的文字显示消失。从对方松开 PTT 键到呼叫结束的这段时间称为呼叫保持时间，在这段时间内系统为双方保持信道。车载台屏幕显示如图 1—23 所示。

图 1—23　车载台屏幕显示

接收呼叫时，请务必在对方讲话结束再摘机应答，否则在摘机过程中声音会从喇叭切换到听筒中，造成漏字。从对方讲话结束到摘机应答有 30 s 的时间，超过 30 s 后再摘机应答将无法呼叫。

（2）发起呼叫。在注册状态下车载台发起呼叫有请求呼叫调度、请求呼叫车站、请求呼叫机车（同线路的其他车载台）三种情况。

1）请求呼叫调度。车载台在注册状态下，按“调度”键（见图 1—21）后，出现“行车”和“车辆段”调度选项，选择需要呼叫的调度后按“#”键确认，向调度发送呼叫请求。稍候车载台应显示“请求呼叫调度已确认”，此时喇叭“嘟”长响一下，说明调度已收到呼叫请求，司机可等待调度呼入。如果车载台显示“未发送”或虽“发送成功”但“请求呼叫调度未确认”，此时喇叭会“嘟嘟嘟”短响三下。车载台向调度发送呼叫请求失败后，司机可以重复发送呼叫请求，如果呼叫请求不能成功，在紧急情况下可以直接使用紧急呼叫。当车载台请求呼叫车辆段调度而此时车辆段调度出现故障时，车载台也会在显示屏中提示“车辆段调度故障”，但此时车载台不能直接按PTT键和“调度”键通话。当调度收到请求信息后，调度呼叫车载台。车载台在接收调度呼叫后，司机在30 s内按PTT键就可以和调度通话。车载台挂机后本次通话结束。

2）请求呼叫车站。在车载台注册的情况下按“车站”键（见图1—21）后，输入需要呼叫的车站代号，按“#”键确认，向调度发送呼叫请求。如果车载台显示“请求呼叫调度已确认”，此时喇叭“嘟”长响一下，说明调度已收到呼叫请求。如果车载台显示“未发送”或虽“发送成功”但“请求呼叫调度未确认”，此时喇叭会“嘟嘟嘟”短响三下。请求呼叫成功后，需要等待调度呼叫呼入。车载台在被呼叫后，司机可按PTT键和“调度”键与车站值班员通话。车载台挂机后本次通话结束。

3）请求呼叫机车（同线路的其他车载台）。车载台在注册状态下直接按数字键输入5位车次号，输入完毕按“确认”键向调度发送呼叫请求。如果车载台显示“请求呼叫调度已确认”，此时喇叭“嘟”长响一下，说明调度已收到请呼请求。如果车载台显示“未发送”或虽“发送成功”但“请求呼叫调度未确认”，此时喇叭会“嘟嘟嘟”短响三下。请求呼叫成功后，需要等待调度呼叫呼入。车载台在被呼叫后，司机可按PTT键和“调度”键与其他司机通话。车载台挂机后本次通话结束。

4. 紧急呼叫

车载台紧急呼叫的操作步骤：按住“紧急呼叫”键（见图1—21）约3 s，直到喇叭发出“嘟”一声同时界面上显示“紧急呼叫中”的文字和紧急呼叫图标“△”；松开“紧急呼叫”键，界面上显示“组呼建立”的文字，然后喇叭发出“嘟嘟”声，稍后，喇叭发出“滴嘟”声，车载台会随后将紧急麦克风打开，并且提示“紧急麦克风打开”。此时，车载台处于自动发射状态，司机不需要摘机，也不需要按PTT键，在300 s内可以直接对着广播鹅颈麦克风（西门子机车）或终端的紧急麦克风（ALSTOM机车）呼叫；调度如有应答，车载台自动恢复为接收状态，使司机可以听见调度的声音，应答结束车载台又处于自动发射状态，循环往复，290 s后，喇叭发出“嘟”的提示音，警告司机10 s后紧急麦克风将关闭；300 s后车载台自动恢复为接收状态，界面显示“紧急麦克风关闭”。此时，如果司机还需要讲话，则必须摘机按PTT键，后同普通呼叫；或在紧急麦克风打开的情况下，如果司机希望用送受话器讲话，则必须摘机按PTT键对着送受话器的麦克风讲话，操作终端提示“紧急麦克风关闭”，车载台恢复为手动控制接收、发射状态，后同普通呼叫。

退出车载台发起的紧急呼叫时，如果操作终端提示“紧急麦克风打开”，则需要按住 PTT 键 1 s 后再松开，使操作终端提示“紧急麦克风关闭”。在操作终端提示“紧急麦克风关闭”的状态下，可以直接按“ * ”键，同时喇叭发出“嘟”一声；稍后紧急呼叫图标“△”消失，同时喇叭发出“滴”一声，即表示车载台退出紧急呼叫。

当车载台接收到一个紧急呼叫后，紧急呼叫图标“△”显示，在这种情况下，只要当前的紧急通话组有 30 s 没有通话，车载台便可自动退出紧急呼叫。

1.4.3 专用无线固定台

专用无线固定台（简称固定台）是地铁专用无线调度通信系统的重要组成部分，其设备连接示意图如图 1—24 所示。固定台的主机安装在通信机房，操作终端安装在地铁车站控制室内，主要用于车站值班员与调度员之间的通信。下面介绍固定台常用的操作方法。

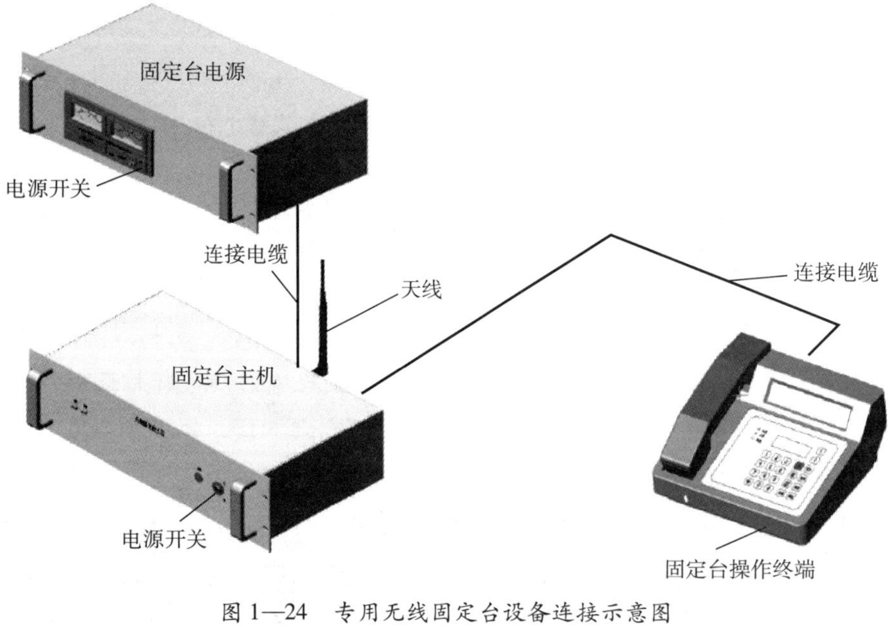

图 1—24 专用无线固定台设备连接示意图

1. 开关机

固定台的开机或关机有两种方法，一种方法是通过固定台电源面板上的电源开关进行操作，另一种方法是通过固定台主机上的电源开关进行操作。固定台开机后会进行一个上电自检过程，操作终端会显示自检信息，如图 1—25 所示。其中，当主机与终端通信正常、主机自检出现故障时，可以在菜单“查询自检结果”中查询故障信息。

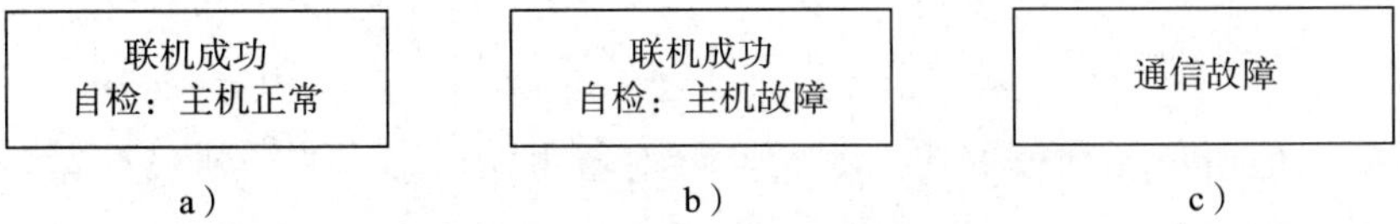

图 1—25　操作终端显示的自检信息

a）主机与终端通信正常、主机自检正常　b）主机与终端通信正常、主机自检出现故障
c）主机与终端通信出现故障

2. 固定台通话

固定台操作面板如图 1—26 所示。当调度员或其他设备呼叫固定台时，终端会发出“新组呼”的提示音，固定台屏幕也会显示“组呼建立”。值班员应答该呼叫时，等到屏幕上“组呼建立”的显示消失后，或者听到呼叫结束提示音后按住手柄上的 PTT 键，等听到通话允许音后再对麦克风讲话，松开 PTT 键进行接听。值班员挂机后呼叫结束。

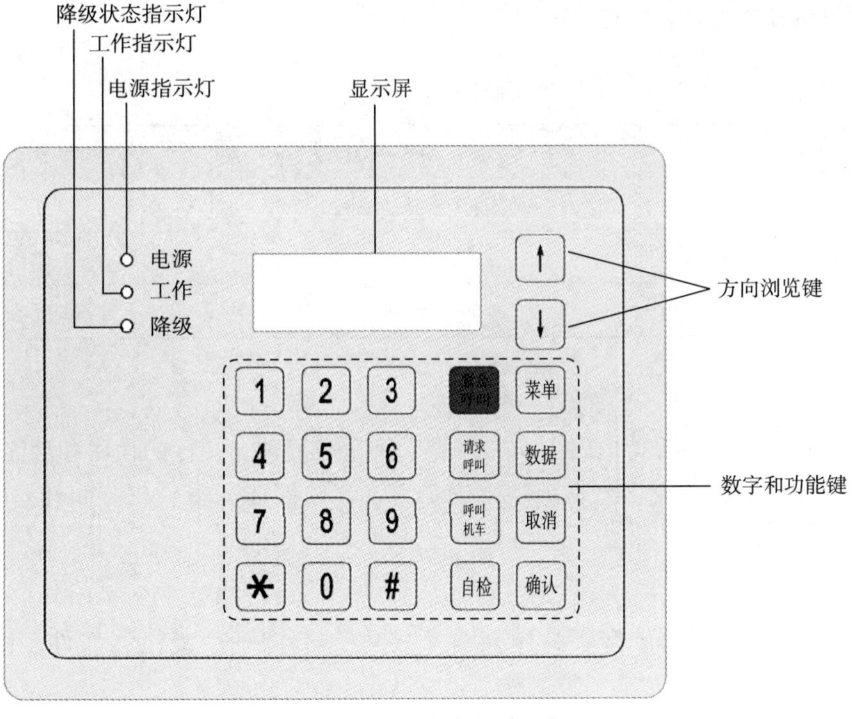

图 1—26　固定台操作面板

3. 紧急呼叫

按住“紧急呼叫”键，直到界面上显示“紧急呼叫中”的文字和紧急呼叫图标“△”。松开“紧急呼叫”键，固定台会将紧急麦克风打开，并且提示“紧急麦克风打开”。此时，值班员无须按PTT键，可直接对着手柄讲话。当值班员在紧急麦克风打开的情况下按PTT键时，紧急麦克风关闭，如果需要讲话，必须再按PTT键才能通话。按“取消”键退出紧急呼叫，紧急呼叫图标消失。

技能要求

MTP850型手持电台发起和接听组呼

在轨道交通运营中，手持电台是调度员与运营及维护人员进行通信联系的设备，手持电台的质量直接关系到运营安全，掌握手持电台的操作，熟悉手持电台的各项技术指标检测非常重要。

操作准备

实训设备及工具见表1—6。

表1—6　实训设备及工具

序号	名称	数量
1	MTP850型手持电台	2台
2	多用途工具	1套
3	数字万用表	1台

操作要求

1. 了解MTP850型手持电台上所有按键、旋钮、部件、图标的作用和功能。

2. 了解通话组的含义，掌握根据不同需求选择不同通话组进行呼叫和接听的操作方法。

操作步骤

步骤1： 观察MTP850型手持电台，手持电台上按键、旋钮、部件、图标如图1—27所示。

图 1—27　手持电台上按键、旋钮、部件、图标

步骤 2：分别开启两台手持电台电源，如图 1—28 所示。

a）　　　　　　　　　　b）

图 1—28　分别开启两台手持电台电源

a）手持电台 1　b）手持电台 2

步骤 3：按手持电台 1 左软键，选择“文件夹”选项，如图 1—29 所示。

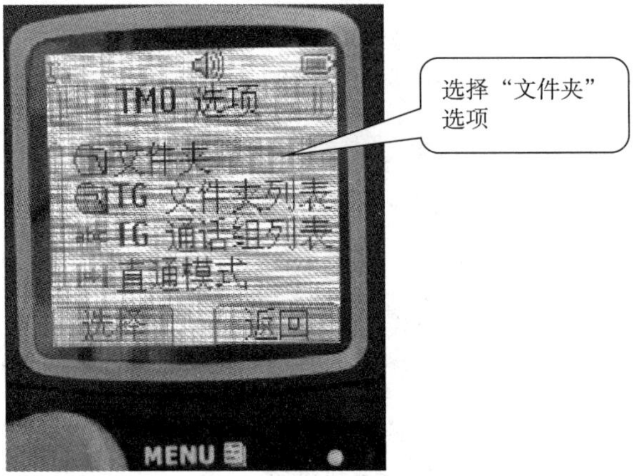

图 1—29　选择“文件夹”选项

步骤 4：按浏览键，选择“降级备用”文件夹，如图 1—30 所示。

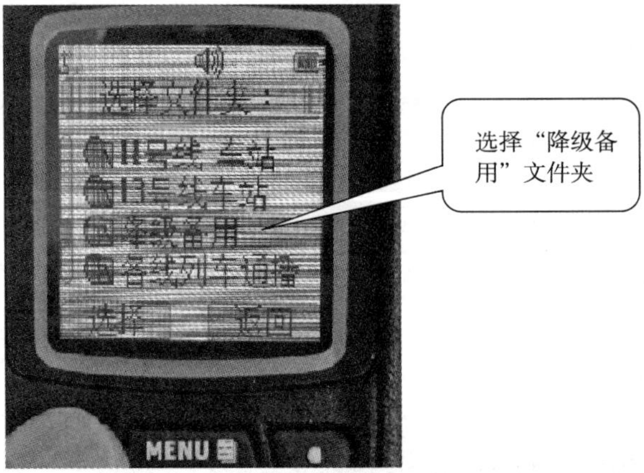

图 1—30　选择“降级备用”文件夹

步骤 5：按浏览键，选择“降级备用组 1”为当前通话组，如图 1—31 所示。

步骤 6：按手持电台 1 的通话键，由手持电台 1 发起组呼，所在通话组为“降级备用组 1”，如图 1—32 所示。

手持电台 2 按上述步骤操作，将通话组同样设为“降级备用组 1”。当手持电台 1 发起组呼时，手持电台 2 的屏幕显示情况同图 1—31 所示。手持电台 2 接到手持电台 1 的组呼呼叫后，即可接听手持电台 1 的话音。手持电台 2 屏幕显示情况与发出该呼叫的手持电台 1 完全一样。

此时，如果手持电台 2 需要回答手持电台 1，可按住通话键后对着麦克风讲话，手持电台 1 即可接听到手持电台 2 的回答，如图 1—33 所示。

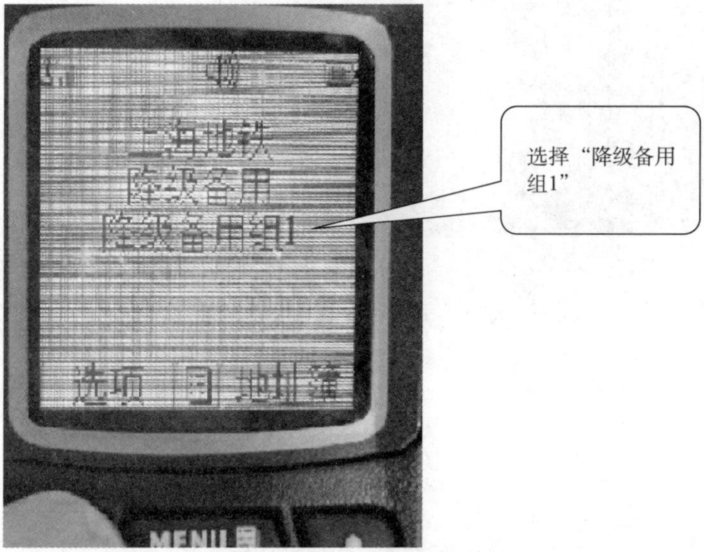

图 1—31　选择“降级备用组 1”

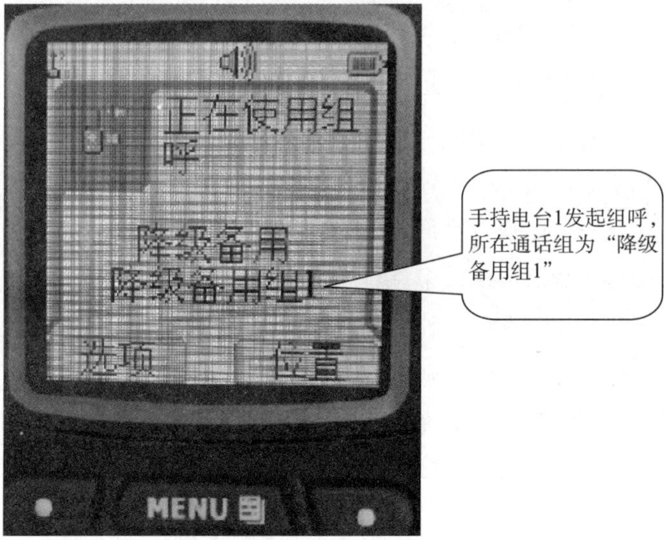

图 1—32　手持电台 1 发起组呼

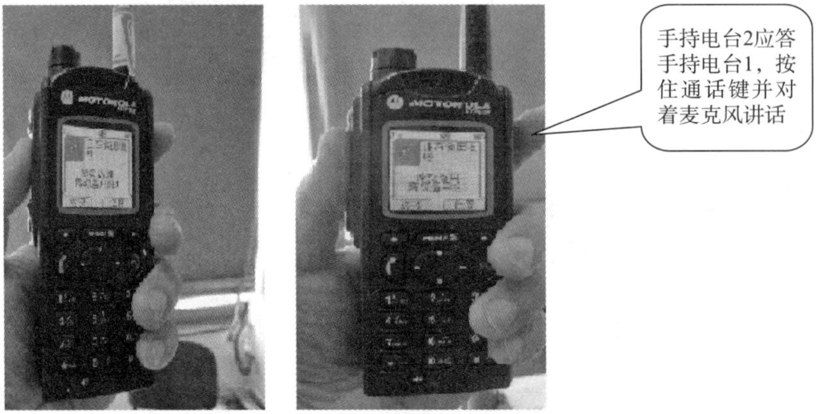

a）　　　　b）

图 1—33　手持电台 2 应答手持电台 1

a）手持电台 1　b）手持电台 2

本章理论复习题

一、判断题（将判断结果填入括号中。正确的填“√”，错误的填“×”）

1. TETRA 是由欧洲电信标准组织（ETSI）推荐的标准。（　　）
2. GoTa（全球开放式集群架构）是由中国中兴通讯股份有限公司自主研发的。（　　）
3. 移动通信按工作方式分，有单工制、双工制等。（　　）
4. 单区间单基站系统主要包括六个部分。（　　）
5. 富兰克林天线分为底馈与中馈两种类型。（　　）
6. 多段同轴振子天线在垂直平面的波瓣宽度随段数的增加而变宽。（　　）
7. 天线的输入阻抗是指天线馈电端输入信号与输出信号之比。（　　）
8. 泄漏电缆的主要参数有驻波比、耦合损耗、传输损耗和环阻。（　　）
9. 集群通信的最大特点是话音通信采用 PTT 方式接续。（　　）

二、单项选择题（选择一个正确的答案，将相应的字母填入题内的括号中）

1. TETRA 基于（　　）方式，在 25 kHz 带宽内分四个信道。

A. TDMA　　B. GSM　　C. CDMA　　D. WCDMA

2. 移动通信按工作方式分有（　　）。

A. 陆上移动通信　　B. 单工制

C. 海上移动通信　　D. 空中移动通信

3. 在专用移动通信网中需要通话简练，所以（　　）不适合调度工作，但必须具备半双工、单工及脱网直接对讲功能。

A. 双工通信方式　　B. 单工通信方式

C. 半双工通信方式　　D. 以上都不对

4. 单区间单基站系统主要包括（　　）个部分。

A. 两　　B. 三　　C. 四　　D. 五

5. 集中式控制方式的多中心多区系统通过一个（　　）连接而成。

A. 基站　　B. 系统管理终端

C. 调度台　　D. 区域控制器

6. 天线的输入阻抗是指天线馈电端（　　）之比。

A. 输入信号与输出信号　　B. 输入电压与输入电流

C. 电压与电流　　D. 输出电压与输出电流

本章理论复习题参考答案

一、判断题

1. √　2. √　3. √　4. ×　5. √　6. ×　7. ×　8. √　9. √

二、单项选择题

1. A　2. B　3. A　4. D　5. D　6. B

本章操作技能复习题

一、TETRA 专用 MTP850 型手持电台发起和接听组呼

试题单

（1）操作条件

1）MTP850 型手持电台一台（通信维修用）。

2）TETRA 调度台一台。

3）TETRA 调度台专用工业控制计算机（简称工控机）一台。

4）计算机键盘及鼠标一套。

5）计算机显示器一台。

6）操作必须在 TETRA 系统覆盖范围内进行。

（2）操作内容

1）进入 TETRA 无线调度系统软件界面。

2）开启 MTP850 型手持电台，选择进入通信维修组。

3）调度台对设于该“监测组”中的 MTP850 型手持电台发起呼叫。

（3）操作要求

1）正确进入 TETRA 无线调度系统软件界面。

2）正确开启 MTP850 型手持电台，并选择“监测组”。

3）对设于该“监测组”中的 MTP850 型手持电台正确发起呼叫。

二、TETRA 专用车载台重新启动和通话试验

试题单

（1）操作条件

1）专用车载台一套。

2）MTP850 型手持电台一台（通信维修用）。

（2）操作内容

1）对车载台进行重启。

2）车载台重启后进行通话试验。

3）通话试验正常，车载台恢复正常工作状态。

（3）操作要求

1）掌握车载台重新启动的正确操作方法。

2）正确操作车载台和 MTP850 型手持电台进行通话试验。

第2章

交换单元模块

2.1 交换机

学习目标

✓ 了解交换机的发展史
✓ 了解交换机的分类

知识要求

2.1.1 概述

1. 电话通信的发展

第一部电话机由美国科学家亚历山大·格雷厄姆·贝尔于1876年发明。电话通信的发展历程由最早的两个终端，即两部电话机通过电话线直接连接进行固定通信，发展到目前人类可以通过全球的电信网络随时随地通信。在这一发展过程中，交换设备的诞生起着至关重要的作用。

2. 交换机的概念

交换的基本思想是将一个转接设备和多个终端设备相互连接，通过转接设备内部电路的断开、闭合来实现任意两个终端设备之间的通信，这个转接设备称为交换机。最早的交换机诞生于19世纪70年代。

3. 电话交换机的发展历史

电话交换机经历了人工交换机、步进制交换机、纵横制交换机、空分式模拟程控交换机和时分式数字程控交换机五个阶段。

（1）人工交换机。人工交换机始于 1878 年，它通过话务员进行人工电话接续。

（2）步进制交换机。步进制交换机始于 1892 年，它的出现意味着自动接续时代的到来。步进制交换机主要由选择器和电磁继电器组成，它靠选择器触头的机械动作代替人工交换机话务员的手动接线动作来完成电路的接续工作。

（3）纵横制交换机。纵横制交换机始于 1938 年，它是由电磁元件组成控制设备的自动电话交换机，它的选择器触头比步进制交换机先进，一方面减轻了机械磨损，另一方面提高了使用寿命和可靠性。

（4）空分式模拟程控交换机。空分式模拟程控交换机始于 1965 年，它的交换网络采用空分技术，靠程序控制来完成电话接续，针对模拟信号进行交换。

（5）时分式数字程控交换机。时分式数字程控交换机始于 1970 年，它的交换网络采用时分技术，靠程序控制来完成电话接续，针对数字信号进行交换。

2.1.2 交换机的分类

交换机的分类如图 2—1 所示。

- 交换机
  - 按照交换机的使用对象
    - 局用交换机
    - 用户交换机
  - 按照呼叫接续方式
    - 人工接续交换机
    - 自动接续交换机
  - 按照所交换的信号特征
    - 模拟信号交换机
    - 数字信号交换机
  - 按照接线器的工作方式
    - 空分式交换机
    - 时分式交换机
  - 按照控制器电路的结构
    - 集中控制交换机
    - 分级控制交换机
    - 全分散控制交换机

图 2—1 交换机的分类

2.2 程控数字交换机设备

学习目标

✓ 了解程控数字交换机的组成
✓ 了解程控数字交换机外部设备的组成
✓ 掌握交换网络的各类接口

知识要求

2.2.1 程控数字交换机的组成、功能及技术发展

1. 组成

一台程控数字交换机主要由交换网络、接口电路和控制系统三部分组成。

（1）交换网络。交换网络相当于一个由若干入线和若干出线构成的交换矩阵，又称接线器。交换网络可以理解成一个由多条入线、出线构成的网络。入线和出线相互交叉排列构成一个个交叉接点，在无须传送信息的时候，交叉接点是断开的；一旦需要传送信息，交换设备会按照预先设定闭合指定的交叉接点，接通对应的通道进行信息传送。交换网络的结构分为单级接线器结构和多级接线器结构两种。

（2）接口电路。交换机分配给用户线的接口电路称为用户接口电路，分配给中继线的接口电路则称为中继接口电路。接口电路的作用是将进入交换设备的各种类型的信息转换成交换设备可以处理的信号。

（3）控制系统。控制系统是程控数字交换机的大脑。控制系统的结构和单片机类似，它由处理机、内存储器、输入和输出设备组成。控制系统对信息的处理过程包括输入信息处理、信息分析处理和输出信息处理这三个阶段。控制系统的三个阶段可以通过设置独立的处理机来划分，也可以通过不同的程序来划分。

2. 主要功能

程控数字交换机的主要功能是交换机业务功能和用户分机功能。其中，交换机业务功能包括虚拟总机、等级限制、呼入选择和计费等，用户分机功能包括提机直拨、热线电话、勿打搅、呼叫转移、遇忙转移、账号使用、闹钟设置等。

3. 技术发展

程控数字交换机正朝着综合数字业务网的方向发展，除了话音业务外，还能具备

传真、可视电话等功能。用户交换机向 IP（互联网协议地址）领域的渗透使交换机具有新的生命力。

2.2.2 程控数字交换机的接口

1. 作用

程控数字交换机拥有多种多样的接口，接口的作用就是将不同类型的数据进行转换以满足不同设备对数据类型的要求。

2. 种类

一般来说，程控数字交换机的接口包括模拟用户接口、模拟中继接口、数字用户接口、数字中继接口。

（1）模拟用户接口。模拟用户接口又称 Z 接口，与模拟用户线相连，它包括 Z1、Z2、Z3 接口。Z1 接口用来连接单个用户，通常 Z1 接口连接的都是模拟话机；Z2 接口连接模拟远端集线器；Z3 接口连接模拟 PABX。PABX 是指私人自动子交换机，又称自动用户小型交换机，是一种将内部用户线连接到外线的专用电话交换机。

ITU（国际电信联盟）定义了模拟用户接口的七项功能，包括馈电（battery feed）、过电压保护（over voltage protection）、振铃（ring）、监视（supervision）、编码或解码（code）、混合电路（hybird circuit）和测试（test）。为了方便记忆，取每项功能英语名称的第一个字母组成 BORSCHT 这个英文缩写作为模拟用户接口功能的简称。

（2）模拟中继接口。模拟中继接口又称 C 接口，与模拟中继线相连，包括 C1、C2、C11、C12、C21、C22 接口。其中，C1 作为四线音频接口，C2 作为二线音频接口。

（3）数字用户接口。数字用户接口是程控数字交换机和数字用户线相连的接口，又称 V 接口，包括 V1、V2、V3、V4、V5 接口。数字用户接口应用广泛，传真机、数字电话机、可视电话、2B + D 接口等都与数字用户接口相连。

目前，应用最广泛的是 2B + D 接口，它支持 ISDN 的接入。2B + D 接口其实分为两个 64 kb/s 接口和一个 16 kb/s 接口（$2\times64+16=144$ kb/s），分别用于两个传输话音或数据信号的信道和一个传输信令或低速数据的信道。2B + D 接口多应用于传真机。

为了提高线路利用率，降低成本，一般来说会在用户密集的地方设置远端用户模块。远端用户模块相当于一个集线器，汇总远端的电话线路传送至数字交换网络，它通过 V 接口与母局相连。

V5 接口用来接入 E1 线路，它包括 V5.1 和 V5.2 两种类型的接口。其中，V5.1 接口只能接入一路 E1 线路，而 V5. 2 接口最大能接入 16 路 E1 线路。

（4）数字中继接口。数字中继接口是连接程控数字交换机和数字中继线的接口。它包含 A 接口（2 048 kb/s）和 B 接口（8 448 kb/s），其中 B 接口为 PCM（脉冲编码调制，简称脉码调制）二次群接口。

2. 2. 3　程控数字交换机的外部设备

程控数字交换机的外部设备主要由外置存储器、维护与操作终端等组成。

1. 外置存储器

外置存储器的主要功能是用于加载及转存数据。设置外置存储器的目的在于节省程控数字交换机的内存空间，提高运算速率。

2. 维护与操作终端

维护与操作终端设备一般是一台计算机，通过 RS232 接口或网络接口与程控数字交换机的维护 I/O（输入/输出）接口连接，它具有运行、管理、维护和话务台功能。通过维护与操作终端可以改变软件实现硬件配置，对用户端口、号码资源进行管理，开启或关闭中继端口，对操作账号进行等级划分和权限的设置，还能查询告警信息，对故障进行定位。维护与操作终端还具备电话转接、号码查询、故障受理等功能。

2. 3　计费系统

学习目标

✓ 了解计费系统的工作情况

知识要求

计费系统的作用是收取电话系统的建设费用，做到收支平衡。一个合理的计费系统能保障电话系统的正常运行，提高管理水平，减少话费纠纷。

电信设备的投资分为规划设计费用，设备购买、调试阶段的费用，设备开通后运行、维护、管理的费用和设备淘汰阶段的费用四个部分。

电信设备产生的费用分为月租费和通话费。

月租费是指跟用户有关的设备（电话机、用户线和用户接口）的费用，无论这些设备使用与否，电信部门每月都会收取一定的租赁费用。

通话费是指用户通话占用公共设备（处理机、交换机、中继线、中继接口等）所产生的费用，始于通话开始终于通话结束。因此，通话费是按照通话时间来收费的。

2.4 电信网

学习目标

✓ 了解电信网的概念
✓ 掌握电信网的规程
✓ 能够进行电话维修

知识要求

2.4.1 电信网的组建

1. 概念

电信网是一个复杂的体系，从宏观上讲，它分为基础网、业务网和支撑网三大类，它的基本任务是使处在任何地点的两个用户能建立相互之间的通信。除了需要硬件设备，电信网还需要建立一套包括路由、号码、传输、数据同步及相应软件的规程。

我国电信网组建的基本原则具体如下：统一规范，建设要分级，管理要分级；近期和远期相结合，技术上先进性和可行性相结合；合理的线路投资和成本预算。

城市轨道交通的电话网相当于一个专用网，是企业内部的电话网络。公用网则是指我国的整个电信网。专用网入公用网的前提是必须符合公用网统一的传输质量指标、信号方式、编号计划等相关的技术规程。

2. 电信网的组成

基本的电信网由终端设备、传输设备和交换设备组成，运行时还应辅之以信令系统、通信协议及相应的运行支撑系统。

（1）终端设备。终端设备一般安装在用户处，是提供由用户实现接入协议所必需功能的设备（电信端点）。它的作用是将话音、文字、数据和图像（静止或移动的）信息转变为电信号或电磁信号发出去，并将接收到的电信号或电磁信号复原为原来的话音、文字、数据和图像信息。

（2）传输设备。传输设备是将电信号或电磁信号从一个地点传送到另一个地点的设备。它构成电信网的传输链路，包括无线电传输设备和有线电传输设备。

（3）交换设备。交换设备实现一个呼叫终端（用户）和它所要求的另一个或多个终端（用户）之间的接续，是构成电信网节点的主要设备。

2.4.2 电信网的规程

1. 电话号码规程

程控数字交换机能通过电话号码判断呼叫的类别，进行寻址。电话号码的编排应遵循以下原则。

- 电话号码是唯一的，任何一台终端有且仅有一个电话号码。
- 电话号码的编排要有规律，便于记忆，也便于交换机选择路由。
- 电话号码位数尽可能少，但考虑到扩容，应留有余地。

《国际公众电信编号计划》（ITU－T E.164）规范了每台电话机的号码组成：

国家号码＋国内长途区号＋用户号码

电话号码总长不得超过12位。

国家号码一般为1～3位，其位数是按照该国家的话机密度而定的，我国的国家号码是86。

我国国内长途区号为2～3位。北京的长途区号是10。

我国规定用户号码为8位，并且1和0不能作为第一位。

特种号码用于紧急业务，如公安报警号码110、火警报警号码119、急救号码120等。

拨打长途或国际长途时应加长途字冠，国际长途字冠为00，国内长途字冠为0。

2. 路由规程

路由设备是电信网的基本组成之一，它包括用户回路、总配线架、交换机设备、局间中继设备等。用户回路通常包括双绞线、分线箱、用户电缆等设备；总配线架除了完成配线功能外，还能起到保护作用。交换机设备则起到话音交换功能。局间中继设备包括电缆、PDH（准同步数字系列）设备、SDH（同步数字系列）设备等。

设计路由规程时应考虑用户（中继）话务量和呼损等因素。所谓呼损，简单来说就是由于交换网络的出线全部被占用，话务量过大或控制系统负荷过大而导致呼叫接续失败。电信网的路由规程实际上就是针对路由组网方案的设计。在指定各个交换机之间的话务量后，彼此之间配备中继线数目，制定中继线的连接方案。

我国的电信网采用等级制树形网络。目前，我国的电话网络等级划分为五级，由长途网和本地网两部分组成。长途网分为五大级别，分别是大区中心 C1、省中心 C2、地区中心 C3、县中心 C4 及本地网的端局 C5、汇接局 Tm。

3. 传输规程

话音在传送过程中，由于受到电路衰减、失真、回波、振铃、串音、杂音等因素的影响，经过编译和还原后会有一定程度的失真。为了规避此类问题，我们需要按照技术指标针对用户线和中继线传输系统进行规划。

用户线常采用双线传输，一收一发，所以用户线又称用户环线。在规定的线径下，用户环线对音频衰耗、环路电阻及最大传输距离是有要求的。规定环路电阻不大于 1 300 Ω。在电话机中，由于送话器和扬声器在声电转换的过程中对信号有一定的增益作用，因此允许用户环线的衰耗不小于 6 dB。

4. 同步规程

数字信号的同步关键是时钟信号的同步，只有收、发两端设备的时钟工作在同一频率和相位，才能保证数字信号传送和交换的准确性。

电信网的网同步方式分为主从同步和相互同步。主从同步是指将网络中某个节点的时钟作为基准时钟，其他节点都以该节点作为参考进行校时。相互同步是指两个或多个节点互相将对方的时钟频率作为参考，并且调整自身的时钟频率，最终使整个网络达到一个稳定的时钟频率。

我国电信网的同步方式采用分级的主从同步和相互同步并存的方式，共分为四个等级。不同等级之间采用主从同步方式，同一等级之间采用相互同步方式。

时钟同步应严格按照四级标准建立同步体系。严禁高等级时钟向低等级时钟取信号作为同步基准。

2.5 交换单元设备

学习目标

✓ 了解线路设备和电话系统的组成

✓ 能够进行电话维修

知识要求

2.5.1 电话设备

城市轨道交通的电话设备包括公务电话设备、专用电话设备、专用调度台设备等。

1. 公务电话设备

公务电话设备主要用于轨道交通内部各部门之间的电话联系，为运营、管理、维修等部门的工作人员提供通信联络服务。公务电话设备主要由程控数字交换设备、电话设备、接续设备及相关的附属设备组成。

2. 专用电话设备

专用电话设备主要用于轨道交通内部调度员之间的电话联系。专用电话设备由专用调度台、车站调度分机、录音设备、接续设备、配套设备等组成。

3. 专用调度台设备

专用调度台设备包括行车调度、电力调度、防灾调度等的设备。

2.5.2 线路设备

1. 线路设备的组成

线路设备由设备侧的 MDF（总配线架）、用户侧的 MDF、跳线、分线箱、电话面板、双头长绳及电话机组成。了解线路设备的组成使我们维修时更方便、更快速地找到故障点。

2. 电话分线箱及其台账

（1）电话分线箱。电话分线箱是指配线电缆或光缆的终端。电话分线箱连接配线电缆或光缆和用户线路部分，对主干线进行分支，主要用于电话网主干电缆与配线电话的交接和调配，具有重要作用。

（2）电话分线箱台账。电话分线箱台账要求内容完整、路径逻辑清晰。内容完整是指包含电话号码、部门地点等完整信息；路径逻辑清晰是指放线的路径及分线箱所处的位置要清晰。

技能要求

电话维修

操作准备

实训设备及工具见表 2—1。

表 2—1　　实训设备及工具

序号	名称	规格	数量
1	西门子程控交换机	HiPath 4000	1 台
2	万用表	MF500 型	1 台
3	科隆卡线刀	西门子专用	1 个
4	电话跳线	—	若干
5	测试小电话	—	1 台
6	电话用户线	—	2 根
7	维修工具	—	1 套
8	电话台账	—	1 套

操作要求

1. 能看懂电话台账。
2. 正确处理电话 71428 故障。
3. 正确使用维修工具。
4. 按操作规程进行操作。

操作步骤

步骤 1：检查电话 71428 是否有电话拨号音。如果无拨号音，首先在交换机上输入命令“DIS - SDSU：ALL，STNO，PER3，71428”，确定此电话状态是否正常。输入命令后终端显示内容如图 2—2 所示。

当 STATUS = READY 时，一般认为交换机内此号正常。

步骤 2：查看交换机台账，找出号码 71428 的位置。

（1）MDF 台账，71428 所在 MDF 对数为 53 对，如图 2—3 所示。

```
STATION NUMBER ACCORDING TO PORT EQUIPMENT  NUMBER
------------------------------------------------
MOUNTING LOCATION      MODULE   NAME        BDL  BD(#=ACT)   STATUS
P103.UPR    1.LTU    1.091  SLMA24              A    Q2246-X     READY
STNO  INPUT    CCT       LINE       STNO      SI       BUS TYPE
71428            018       1571       71428     VOICE                  READY
        ELEM DEV .  .  .  .  .  . ANALOG  TERM           READY
        (ALT_ROUT: N)               (ANATE)

DISPLAY COMPLETED;
```

图 2—2　终端显示内容

MDF 块 1－1		0	1	2	3	4	5	6	7	8	9
1	号码	76996	76997	76998	76999	71400	71496	71497	71498	71499	
2	号码										
3	号码					71410	71411	71412	71413	71414	71415
4	号码	71416	71417	71418	71419	71420	71421	71422	71423	71424	71425
5	号码	71426	71427	71428	71429	71430	71431	71432	71433	71434	71435
6	号码	71436	71437	71438	71439	71440	71441	71442	71443	71444	71445
7	号码	71446	71447	71448	71449	71510	71511	71512	71513	71514	71515
8	号码	71516	71517	71518	71519	71520	71521	71522	71523	71524	71525
9	号码	71526	71527	71528	71529	71530	71531	71532	71533	71534	71535
10	号码	71536	71537	71538	71539	71540	71541				

图 2—3　MDF 台账示意图

（2）查看电话分线箱台账，71428 所在分线箱对数为 13 对，如图 2—4 所示。

分线箱 1		0	1	2	3	4	5	6	7	8	9
1	号码	71416	71417	71418	71419	71420	71421	71422	71423	71424	71425
2	号码	71426	71427	71428	71429	71430	71431	71432	71433	71434	71435

图 2—4　分线箱台账示意图

步骤 3：用测试小电话逐一对 MDF 及电话分线箱进行测试，如图 2—5 所示。

步骤 4：用排除法对 MDF 及电话分线箱进行测试，判断故障位置。可以用测试小电话测试是否有拨号音，拨号音是否正常；或者用万用表直流挡测试正常电话电压是否在 －48 V 左右。如果 MDF 正常，再测试电话分线箱。判断 MDF 故障位置如图 2—6 所示，判断电话分线箱故障位置如图 2—7 所示。

步骤 5：查到问题部位，更换跳线、电话用户线或者电话机来排除故障。

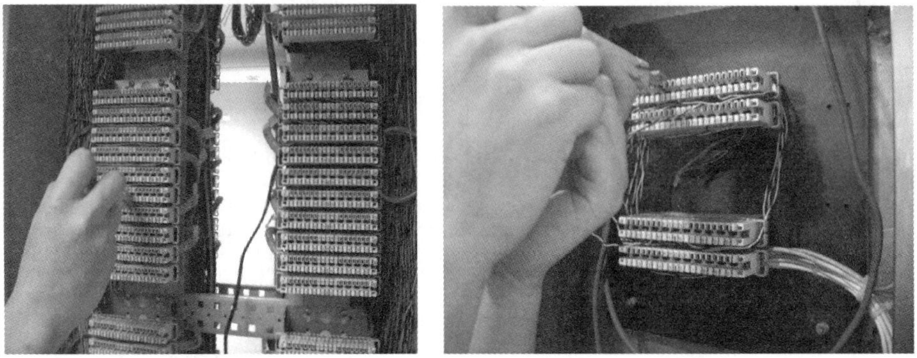

a）　　　　　　　　b）

图 2—5　MDF 和电话分线箱测试示意图

a）MDF 测试　b）电话分线箱测试

图 2—6　判断 MDF 故障位置

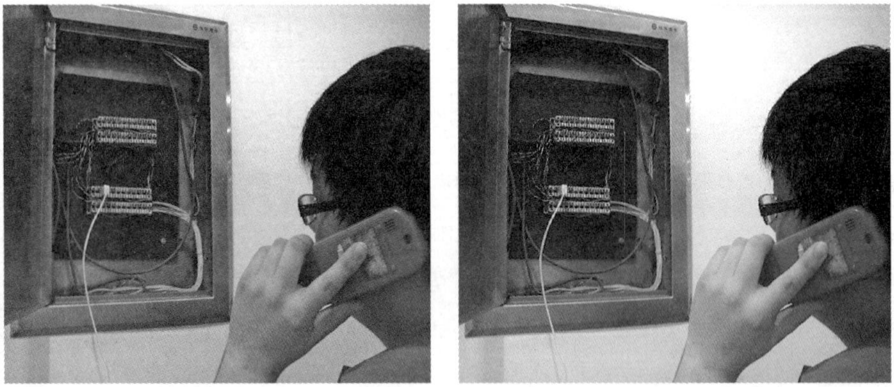

图 2—7　判断电话分线箱故障位置

2.6 时钟系统

学习目标

✓ 了解时钟系统的组成
✓ 掌握时钟系统的组网和同步方式

知识要求

2.6.1 时钟系统和GPS接收终端

线路时钟系统主要作用是为城轨工作人员和乘客提供统一的标准时间。目前，线路时钟系统存在两种时间源方式，即设备本地配置GPS（全球定位系统）和上层网。其中，上层网时钟系统设有两个一级设备，两者互为热备。

1. 时钟系统的工作原理

时钟系统由相关线路专门配置的包含GPS接收设备的时钟系统提供标准时间信息给该线路内的相关系统。提供时间信息的时钟系统分为一级母钟系统和二级母钟系统，按一级母钟和二级母钟两级组网方式设置，采用分布式结构，通过计算机进行集散式控制。

2. 时钟系统的组成

时钟系统主要由设在控制中心的GPS信号接收单元、一级母钟、中心接口、网络管理终端、电源等，设在车站（车辆段）的二级母钟、时间显示单元（子钟）、车站接口设备，以及传输通道等构成。二级母钟独立于一级母钟，可单独控制子钟，一级母钟可对二级母钟进行管理监控。

在时钟系统中，作为时间显示单位的设备一般称为子钟，子钟一般是由所在地的母钟设备来驱动的。子钟分为双面指针式子钟、单面指针式子钟和数字式子钟。其中，双面指针式子钟位于车站站厅，单面指针式子钟位于车站各办公室，数字式子钟位于各车站车控室及控制中心调度大厅。

3. 时钟信号的同步方式

时钟信号同步的作用是使节点设备的时钟频率和相位都控制在预定的容限之内。时钟信号的同步通常采用主从同步方式，由高精度的上级时钟去同步低精度的下级时钟，使下级时钟的精度与上级时钟接近。PCM 设备用于时钟信号的远距离传输。

从实现机制来看，时钟信号同步有硬件时间同步和软件时间同步两种同步方法，硬件时间同步比软件时间同步灵活，成本也低。网络中时钟信号同步的必要条件是标准时间源和校时性能良好的终端设备。

4. GPS 接收终端

GPS 接收终端检测 GPS 卫星发送的扩频信号，通过相关运算获取到达时间信息并由此计算出卫星到接收机的距离，再结合卫星广播的星历信息计算卫星的空间位置，完成定位计算。GPS 接收终端主要包括外部天线设备和机柜接收转换设备，GPS 接收机在全球任何地方、任何时刻均能接收到至少四颗卫星的信号。

2.6.2 时钟系统组网

1. 时钟系统网络

城市轨道交通网络化运营后，由于不同的 GPS 接收设备所提供的时间存在差异，各系统内的时间同步机制不完善，一些陈旧系统、设备的时间同步机制不健全或根本就没有时间同步机制，导致各线路间存在时间显示、时间记录不同步的情况。由此产生的影响不但涉及城市轨道交通的形象，还涉及工作人员对设备或系统故障的判断和及时修复、对重大事件的判断和处置以及信息的准确发布。以上影响会对城市轨道交通网的安全运营和管理产生隐患。因此，面向城市轨道交通网络化运营，建立统一的中心时间源平台，为各线路的各机电系统提供统一的时间，达到全网络系统时间、时间显示的一致及时钟同步是迫切的需求。时钟系统网络框图如图 2—8 所示，图中 TCP/IP 是指传输控制协议/互联网协议，BITS 是指后台智能传输服务。

时钟系统具有五层网络结构。其中，第一层 ~ 第二层的设备属于上层网络时间系统，而第三层 ~ 第五层的设备属于各机电系统。第一层是最上层，包括一级时间服务器和一级网管设备，每个城市设一套。第二层包括设在各线控制中心和各上层中心的二级时间服务器、ETS 服务器（有条件同步判断服务器）和二级网管设备。第三层为设在各线控制中心和各上层中心的各机电系统主机（一级母钟）。第四层为各机电系统设在控制中心的，除了系统主机以外的所有设备和车站主机（二级母钟）。第五层为各机电系统设在车站的与车站主机相连的从机（子钟）。

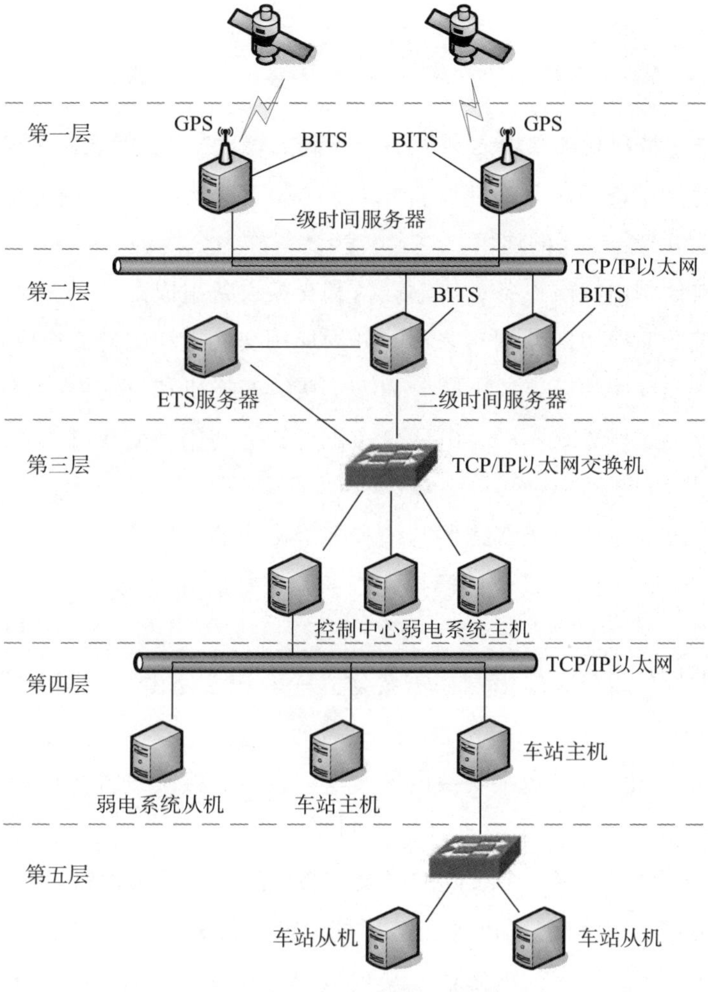

图 2—8　时钟系统网络框图

2. 网络时间同步方式

网络时间同步是指将计算机或设备的时间与网络上的时间源保持一致。时间源是由网络中可靠的时间设备提供的，要求是时间精准可靠。一些网站和专业的单位提供此类服务器，也有专业的时间设备，如 NTP（网络时间协议）时间服务器、GPS 同步时钟等。网络时间同步系统对网络中各台计算机节点的时间不断进行调整，使其时间尽量统一于标准时间。网络时间同步除了需要有标准时间源，还需要用户终端能够在一定时间间隔里完成校时。一般上层网校时的时间间隔为 0. 5 ~6 min。

本章理论复习题

一、判断题（将判断结果填入括号中。正确的填“√”，错误的填“×”）

1. 将一个转接设备和两个终端设备相互连接，通过转接设备内部电路的断开、闭合来实现两个终端设备之间的通信，这个转接设备称为交换机。（ ）

2. 基本的电信网由终端设备、传输设备和交换设备组成。（ ）

3. 交换机按照交换机的使用对象不同分为局用交换机和用户交换机。（ ）

4. 交换机按照呼叫接续方式不同分为人工接续交换机和自动接续交换机。（ ）

5. 按接线器的工作方式不同，电话交换机可分为使用者交换机和局用交换机。（ ）

6. 交换网络结构分为单级接线器结构和多级接线器结构两种。（ ）

7. 程控数字交换机的接口包括模拟用户接口、模拟中继接口、数字用户接口、数字中继接口。（ ）

8. 除了需要硬件设备，电信网还需要建立一套包含路由、号码、传输、数据同步及相应软件的规程。（ ）

9. 公务电话系统由程控数字交换设备、电话设备、接续设备及相关附属设备组成。（ ）

二、单项选择题（选择一个正确的答案，将相应的字母填入题内的括号中）

1. 基本的电信网由终端设备、（ ）和交换设备组成。

A. 传输设备　B. 中继线　C. 双绞线　D. 网线

2. 空分式模拟程控交换机的交换网络采用（ ），靠程序控制来完成电话接续，针对模拟信号进行交换。

A. 程控交换技术　B. 时分技术　C. 空分技术　D. 复用技术

3. 按所交换的信号特征不同，交换机可分为（ ）交换机和数字信号交换机。

A. 人工接续　B. 使用者　C. 空分　D. 模拟信号

4. 一台程控数字交换机主要由（ ）、控制系统和接口电路三部分组成。

A. 出中继　B. 入中继　C. 交换网络　D. 信号设备

5. 交换网络相当于一个由若干（ ）和若干出线构成的交换矩阵，又称接线器。

A. 入线　　B. 出中继

C. 主叫　　D. 主叫用户电路

6. 程控数字交换机的接口包括模拟用户接口、(　　)、数字用户接口、数字中继接口。

A. 数字中继接口　　B. 模拟中继接口

C. 模拟用户接口　　D. 数字用户接口

本章理论复习题参考答案

一、判断题

1. ×　2. √　3. √　4. √　5. ×　6. √　7. √　8. √　9. √

二、单项选择题

1. A　2. C　3. D　4. C　5. A　6. B

本章操作技能复习题

一、查看并指出用户分机状态

试题单

(1) 操作条件

1) HiPath 或 HICOM350E 程控交换机。

2) 交换机维护终端。

3) MDF 配线表。

(2) 操作内容

1) 登录网管。

2) 查看分机状态。

3) 指出分机状态。

(3) 操作要求

1) 命令及参数设置正确。

2) 按操作规范进行操作。

二、查看交换机某分机端口状态

试题单

（1）操作条件

1）HiPath 或 HICOM350E 程控交换机。

2）交换机维护终端。

3）MDF 配线表。

（2）操作内容

1）根据现场提供的登录名与密码登录交换机操作终端。

2）输入命令查看用户分机数据。

3）指出分机属性。

（3）操作要求

1）命令及参数设置正确。

2）按操作规范进行操作。

第 3 章

广播单元模块

3.1 广播基础知识

学习目标

✓ 了解广播的概念

✓ 掌握广播系统的技术指标

知识要求

3.1.1 广播信号

1. 基础概念

（1）声波。声波是声音的传播形式，借助各种介质向四面八方传播。声波通常是纵波，是弹性介质中传播的压力振动。

按频率分类，频率低于 20 Hz 的声波称为次声波；频率在 20 Hz ~ 20 kHz 之间的声波称为可闻声波，即人耳可以听到的声波；频率在 20 kHz ~ 1 GHz 之间的声波称为超声波；频率大于 1 GHz 的声波称为特超声或微波超声。

声电转换是指将声波（机械波）转换为电信号的过程。电声转换是声电转换的逆过程，是指将声频电信号转换为声波的过程。完成电声转换的器件是扬声器。

（2）分贝。分贝的概念比较特别，它的运算不是线性比例的，而是对数比例。分贝代表一种能量比，是度量两个相同单位之比的计量单位，常用于度量声音的强度，用 dB 表示。使用分贝描述声音时需要同时给出频率。

在日常生活中，住宅小区告知牌标示噪声要低于 60 dB，这里分贝（dB）定义为噪声源功率 W 与基准声功率 W_0 之比的以 10 为底的对数乘以 10，即 10 lg（W/W_0）。0 dB 并不意味着没有声音。

（3）声压级和声级。有声波时，媒质中的压力与静压的差值称为声压，单位为 Pa。声压级是指声压与基准声压之比的以 10 为底的对数乘以 20，单位为 dB。声级是指用一定的仪表特性和 A、B、C 计权特性测得的计权声压级。声级可以理解为各个频率的声音计权相加。

2. 广播、广播设备和广播系统

广播是一种传播声音的方式，是指通过专用设备向公众进行不具隐秘性的讲话。通过扩音器进行讲话就属于广播范畴。而这种专用设备统称为广播设备，用于语音信号放大。

（1）广播的优缺点。广播的优点是传播对象广泛，传播迅速，功能多样，感染力强；缺点则是传播信息一瞬即逝，顺序收听，不能选择，受语言限制等。

（2）广播设备的使用范围。随着社会的进步、生活水平的提高，广播设备不仅在会议场所和广播电台使用，也在歌厅、影院等专业场所中广泛应用。其中，地铁、火车站、机场等的广播设备被定义为公共广播系统。

（3）广播系统的作用和广播方式。以城市轨道交通广播系统为例，作为城市轨道交通运营单位的必备系统之一，它的主要作用是：对乘客进行广播，通知列车到站和离站、线路换乘、时间表的变更、列车的误点、安全状况等信息；出于安全考虑在突发或紧急情况下进行事故抢险、组织指挥的防灾广播，对乘客进行及时有效的疏导和指引，提高应急响应能力。此外，广播系统还可以对运营人员进行广播，发布有关信息，便于协同工作，提高服务质量。

目前，上海城市轨道交通的广播系统可实现多音源选区的广播方式，即在不同区域可同时选择不同音源广播的平行广播功能，音源可选择人工、线路、预存语音等。对乘客的广播区域主要是在全线各站的站厅和站台、列车车厢内；对运营人员的广播区域主要是在办公区、站台、站厅、车辆段检修库、运转库、段场内作业区等。

3. 音源

音源是指声音的源头。音源有两层含义，一层含义是指记录声音的载体；另一层含义是指播放音源载体的设备。没有音源，无法用广播系统完成对音频信号的播放。在广播电视领域，常用的声电转换设备是传声器，即通常所说的话筒或麦克风。

常见的音源设备有收音机、MP3（一种常用的数字音频压缩格式）播放器、DVD（数字激光视盘）播放器、唱片机等。由于音源分为模拟音源和数字音源，因此，根据音源的不同，能处理、播放模拟音源的广播设备称为模拟广播设备，能处理、播放数字音源的广播设备称为数字广播设备。

模拟音源记录和处理的信号是从声音转换而来的电信号，可以直接用传统的放大器放大，处理方便。

数字音源记录和处理的是0和1排列组合形成的二进制数据流。声波是模拟信号，不能直接为数字音源使用，必须通过转换设备转为数字信号后才能记录在数字音源载体上。数字音源设备读出的数据不能直接由传统的放大器放大，必须先转换为模拟信号才行。可见，数字音源的信号处理过程要复杂得多，但数字音源的信噪比和动态范围远优于模拟音源，尤其是信号经多次复制和多个传输环节后质量仍不下降，这一点模拟音源无论如何也无法比拟。

在上海城市轨道交通广播系统中，提供广播系统声音来源的设备就是音源，如广播控制盒、语音播放器、话筒等。

4. 广播信号的传播

广播信号是通过扩音设备将声音传送出去的。根据使用场所、目的和距离不同，广播信号通过有线设备或无线设备进行传输。当通过有线设备传输时，广播信号以电流形式通过电缆传送到广播区域。使用有线设备的广播称为有线广播，使用无线设备的广播称为无线广播。

有线广播的声音电信号直接通过电缆传送至扬声器进行广播，如会议广播、农村有线广播、广场广播及包含城市轨道交通广播在内的大多数公共广播。有线广播设备由功率放大器、前置放大器、话筒、喇叭、连接电缆等组成。有线广播设备的连接电缆一般是低频电缆。有线广播设备的信号传播流程是：话筒→前置放大器→功率放大器→喇叭。

无线广播是将电信号通过无线发射设备发送出去，再经过无线接收设备接收下来还原至扬声器，如收音机广播等。无线话筒声音传送不需要电缆。

3.1.2 广播系统的技术指标

1. 输出功率

额定功率是指在电器不失真的前提下，能够长时间正常工作的输出功率的最大值，又称标称功率。额定功率与最大输出功率是有区别的。最大输出功率是指在不损坏电器的前提下，瞬时功率的最大值，也就是电器所能承受的最大负荷能力。

对于功率放大器来说，额定功率可以解释为谐波失真在标准范围内变化，能长时间安全工作时输出功率的最大值；最大输出功率是指功率放大器的“峰值”输出功率，可以解释为功率放大器接收电信号时，在保证信号不受损的前提下瞬间所能承受的输出功率的最大值。

2. 频率响应

频率响应是指将一个以恒电压输出的音频信号与广播系统相连接时，广播设备产生的声压、相位随频率而发生变化，这种声压、相位与频率的变化关系称为频率响应。从另一个角度来阐述，频率响应是指在振幅允许的范围内，音响系统能够重放的频率范围及在此范围内信号的变化量，又称频率特性。在额定频率范围内，频率响应可以用输出电压幅度的最大值与最小值之比来表示，以分贝为单位。

通俗地说，频率响应就是广播系统对输入信号的反应和辨别能力。例如，一台质量较好的音响的频率响应范围是 20～20 000 Hz，当一段包含 20～20 000 Hz 音频信号的音乐传入音响之后，它就会有足够深的低频下潜和非常出色的高频表现；但如果把这段音乐传入一台质量较差的音响（假设它只有 100～12 000 Hz 的频率响应范围），比这个范围低或者高的音频信号就无法处理和播放，听者就会感觉这段音乐很“窄”，缺乏表现力。

在上海城市轨道交通广播系统中，一般要求设备的频率响应指标是，当输入信号频率在 40 Hz～16 kHz 区间内时，其频率响应在 ±1 dB 以内。

3. 失真度

对于放大器来说，将一个未经放大器放大的信号与经过放大器放大的信号做比较，被放大过的信号与原信号之比称为失真度，其单位为%。

对于音频设备来说，失真度的定义略有不同，因为放大器输入的是电信号，输出的还是电信号；而音频设备输入的是电信号，输出的则是声波信号。所以，音频设备的失真度是指电声信号转换的失真。

在上海城市轨道交通广播系统中，一般要求广播控制盒失真度≤0.1%，其他设备（包括语音播放器、功率放大器、音频处理器等）失真度≤1%。

4. 信噪比

信噪比，英文缩写是 SNR，又称讯噪比，是指一个电子设备或电子系统中信号与噪声的比例，常以 dB 为单位。其中，信号是指来自设备外部需要通过这台设备进行处理的电子信号；噪声是指经过该设备后产生的，原信号中并不存在的无规则的额外信号（或信息），并且该信号并不随原信号的变化而变化。

对音频信号来说，信噪比是指广播设备正常声音信号与无信号时放大设备自产生的噪声信号的比值。例如，某广播设备的信噪比为 80 dB，即输出信号功率是噪声功率的 10^8 倍。信噪比数值越高，噪声越小。

在上海城市轨道交通广播系统中，一般要求广播控制盒的信噪比≥50 dB，语音合成器、功率放大器等广播设备的信噪比≥84 dB。

3.2 输送变压器

学习目标

✓ 了解输送变压器的概念

知识要求

3.2.1 输送变压器的概念和作用

1. 概念

输送变压器又称线间变压器，有两种类型，一种是定电阻式输送变压器，另一种是定电压式输送变压器。它们都与定电阻功率放大器配套使用。

2. 作用

功率放大器与扬声器之间采用高电平传输，输送变压器的作用是将广播设备输出信号电压降低，推动扬声器工作。音频信号与扬声器进行远距离传送时，功率放大器输出的能量通过输送变压器耦合后输送至扬声器。

3.2.2 输送变压器的连接

在定压输出连接情况下，需要在扬声器前加入一个输送变压器，将电压降到扬声器可以承受的范围内。定电阻式输送变压器的一次侧、二次侧有多个绕组，其输入端、输出端标有不同的阻抗，以与功率放大器和扬声器相匹配地连接。输送变压器将扬声器与功率放大器进行连接，输入端接放大器，输出端接扬声器。

定电压式输送变压器的一次侧、二次侧也有多个绕组，其输入端、输出端都标有电压和不同的标称功率。

选用输送变压器时必须考虑变压器的功率，负载阻抗过大或过小都会造成不良后果，使用定阻抗式功率放大器时不允许空载。

3.3 车站广播系统

学习目标

✓ 了解车站广播系统的功能
✓ 掌握车站广播系统设备的操作方法
✓ 能够进行广播功效测试

知识要求

由于轨道交通是全线管理的，线路长，分布广，因此，不可能像铁路那样在每站设立管理或维修点，而必须进行全线自动化管理和维护。为了实现全线自动化管理和维护，应设立一个控制中心和一个维护中心，或者两者合为一体（统称控制中心）。控制中心与各车站之间的控制命令采用 RS422 通信标准格式，语音信号采用模拟通道传输，两者都采用共线方式进行传输和控制。

3.3.1 车站广播系统的功能与设备

城市轨道交通车站广播系统是由车站广播机架设备、车辆段广播机架设备、中央广播机架设备组成的一个网络。车站广播系统包括一套广播机架设备、一个车站控制室广播控制盘、各个广播区域喇叭及站台上若干个噪声传感器，也可以根据需求在隧道内安装喇叭或增设一个助理值班室广播控制盘。控制中心广播系统包括一套广播机架设备、一套网管设备、若干个调度员用广播控制盘。车站广播系统与控制中心广播系统之间的控制信息、时间同步、语音下载、ATS（自动交换设备）信息、网管信息等通过以太网信道传送。

在广播系统中，控制中心对各车站和停车场广播设备的控制采用 TCP/IP 协议。语音信道为两个无信令音频信道，传送控制中心调度员对车站进行人工广播的语音信号。以太网信道、语音信道均由传输系统设备提供。

城市轨道交通车站广播系统的广播形式主要分为自动广播、人工广播、应急广播。

1. 车站广播系统的功能

（1）对乘客广播。对乘客广播发布的信息主要分为两种。一种是针对城轨列车正常运行时，通过 ATS 信号传递给车站广播系统，由车站广播系统处理后根据预录制语音播送出的准确的列车到站预报、列车到站信息等，称为自动广播信息；另一种是通过广播控制盘由人工语音来对乘客播报的即时信息，称为人工广播信息。

（2）对工作人员广播。对工作人员广播主要是通过广播控制盘，由人工语音来对工作人员进行播报，包括乘客需求的处理、紧急事件的发生、应急命令的发布等。一般来说，对工作人员广播多在办公区域进行。

（3）应急广播。应急广播是通过操作广播控制盘直接打开车站广播系统的功放控制器，强制对全区域进行语音信息发送的播送方式。应急广播有最高的优先级，可以在任意时间打断正在播出的自动广播和人工广播。

2. 车站广播系统的设备

（1）广播控制盘。广播控制盘又称广播控制盒，如图 3—1 所示。对于使用者来说，广播控制盘可直接操作广播系统。广播控制盘可以用快捷键操作，也可以由工控机来替代操作。广播控制盘由一个话筒、监听扬声器、电平指示灯、状态灯、液晶显示屏、操作按键等组成。值班员可通过话筒对本站的各广播区选择广播。

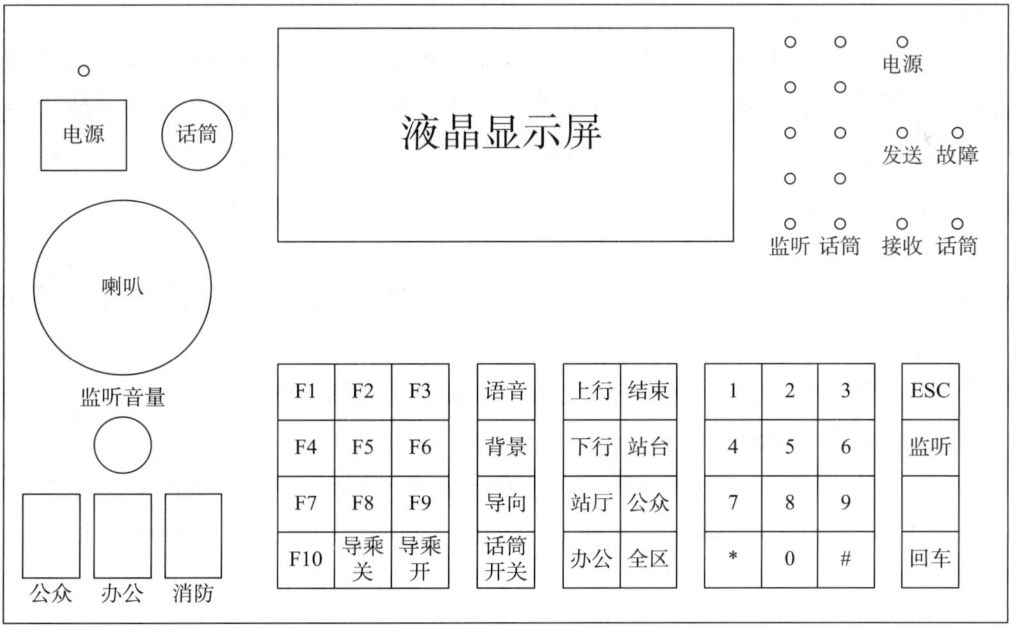

图 3—1　广播控制盘示意图

广播控制盘的功能如下。

1）语音合成选择播出功能。广播控制盘可选择播出广播机柜内录好的语音内容（最多99段）。

2）状态显示功能。广播控制盘具有液晶显示屏，可显示工作状态，如联机、故障、监听及本站各个广播区的占用状态等。

3）监听功能。通过监听扬声器可监听各广播区的播音效果，也可对99段语音等内容进行自监听，监听音量可调。

4）应急广播功能。当自动播音系统发生故障时，车站广播系统可进行应急操作。在使用应急广播功能时，可按“直通”按钮，通过话筒对本站各广播区进行广播。

（2）前置放大器。前置放大器是指置于音源（信源）与功率放大器之间的电子设备。前置放大器的作用是将信号调整至能推动功率放大器工作，是专为接收来自音源（信源）的微弱电压信号而设计的。

前置放大器由音源选择电路、输入放大电路和音质控制电路等组成。

音源选择电路的作用是作为音频矩阵的纵横开关，选择所需的音源信号送入后级，同时关闭其他音源通道。前置放大器有高阻输入和低阻输入两种输入方式，话筒输入接低阻，线路输入接高阻。

输入放大电路的作用是将不同频率强度的音源信号调整为0 dBm、1 kHz的标准音频信号，再放大至额定电平，通常是0.7～1.4 V，使输出电平达到后级功率放大器可接收的电压输入范围。输入放大电路在放大有效音源信号的同时也将附带的噪声放大了，因此，为了提高信噪比，降低噪声的影响，前置放大器一般都是直接与检测信号的传感器相连接的。

音质控制电路的作用是控制音响系统的频率特性，以达到高保真的音质；或者根据使用者的需求，修饰与美化声音。

从本质来说，前置放大器是一种电压放大设备。在城市轨道交通广播系统中，一般将前置放大器称为DSP，简称前级。

（3）功率放大器。功率放大器简称功放，是指在给定失真率条件下，能产生最大输出功率以驱动某一负载（如扬声器）的放大器。功率放大器在整个广播系统中起到“组织”“协调”的枢纽作用，在某种程度上决定整个系统能否提供良好的音质输出。

功率放大器输出信号可以有定压和定阻两组输出，其中，定压输出必须接输送变压器，而定阻输出不需要接输送变压器。

功率放大器的工作原理是利用三极管的电流控制作用或场效应晶体管的电压控制作用将电源的功率转换为按照输入信号变化的电流。三极管的集电极电流永远是基极电流的β倍，β是三极管的交流放大倍数。若将小信号注入基极，则集电极流过的电流会等于基极电流的β倍，然后将这个信号用隔直电容隔离出来，就得到β倍原电流（或原电压）的大信号，这种现象称为三极管的放大作用。经过不断的电流放大，就完成了功率放大。因此，功率放大器是一种电流放大设备。

（4）扬声器。扬声器一般作为广播设备的负载。扬声器又称喇叭，是一种十分常用的电声换能器件，可把电信号转变为声信号。扬声器的性能优劣对音质影响很大，对于音响效果而言，它是最重要的一个部件。

3.3.2 车站广播设备的连接

1. 输入信号连接

音频信号输入可以是话筒信号输入，也可以是线路信号输入。广播音源信号是直接与前置放大器输入端连接从而接入广播系统的。在上海城市轨道交通中，主要的音源、音频通道有主值班广播控制盒（含话筒）音频通道、客服中心广播控制盒音频通道、由语音合成器播出的多路音频通道、由控制中心直接对全线车站广播的辅助语音通道、综合监控端广播音频通道、导乘联动音频通道、若干备用音频通道等。

其中，主值班广播控制盒、客服中心广播控制盒及综合监控广播音源通过专用19芯线缆直接连至广播系统机柜，再由机柜配线连至音频处理器；语音合成器接收ATS信号后播出多路音频信号，包括上行语音1路、下行语音1路、换乘通道1路（若有）、背景音乐1路（若有），由机柜配线直连至音频处理器；控制中心辅助语音通道通过传输系统2M端口远距离传输至车站音频配线架，再从音频配线架传输至广播机柜，从广播机柜内配线传输至音频处理器。音频处理器输入示意图如图3—2所示。

2. 前置放大器与功率放大器连接

前置放大器与功率放大器的连接较为简单，一般通过带有JK接口的音频线将由前置放大器放大的音频信号输送至功率放大器，即将前置放大器输出端与功率放大器输入端进行连接。

3. 负载连接

负载的连接方式有定压连接和定阻连接两种。

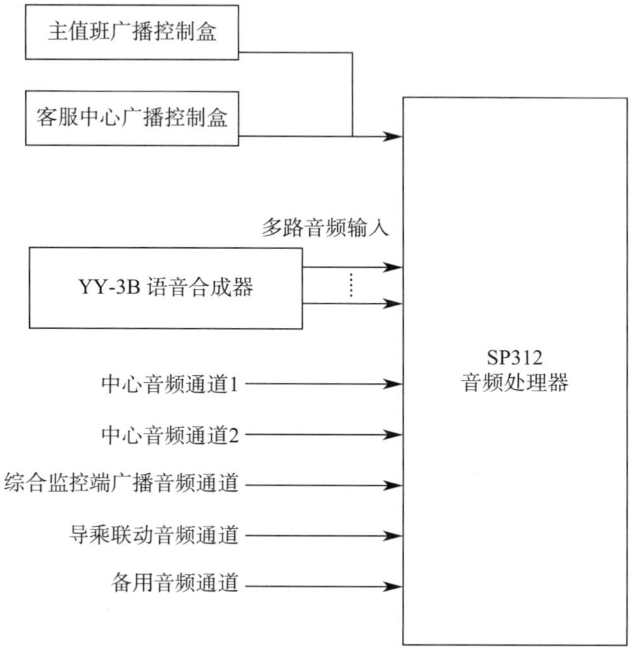

图 3—2　音频处理器输入示意图

（1）定压连接。定压连接主要应用于公共场合的公共广播，也应用于家庭的音乐播放系统。因为公共广播和音乐播放系统的音箱与功放的距离比较远，而且一台功放通常要连接多个小功率的音箱，所以功率信号需要进行长距离传输，应该采用定压连接方法。

为了减小线路损耗，避免系统中某个扬声器开启或关闭对其他扬声器的音量造成影响，定压功放采用高电压低电流输出（相对的）。定压功放连接多个负载，只要将负载并联在一条普通的电线上就可以了。因为定压功放在电路上使用了变压器，所以其音质受到了一定的影响。

（2）定阻连接。定阻连接多用于家庭影院、舞台等，优点是可立体声输出，且为低电压高电流输出。

因为家庭影院、舞台等音箱与功放的距离比较近，而且不需要连接很多的音箱，所以定阻连接采用高电流低电压输出，功放和音响应选用专用音响线连接。

在上海城市轨道交通中，广播系统负载均采用定压连接。

技能要求

广播功放测试

操作准备

实训设备及工具见表3—1。

表3—1　　实训设备及工具

序号	名称	数量
1	信号发生器	1台
2	示波器	1台
3	双踪毫伏表	1台
4	广播功放	1台
5	负载喇叭	1台
6	测试连接线	若干

操作要求

1. 掌握车站广播功放测试用的各类仪器、仪表。
2. 掌握广播功放的参数。
3. 能根据相关技术指标和要求对检测设备进行连接、测试。

操作步骤

步骤1：将信号发生器、示波器、双踪毫伏表与功放的输入端连接，将示波器、双踪毫伏表、负载喇叭与功放的输出端连接，如图3—3所示。

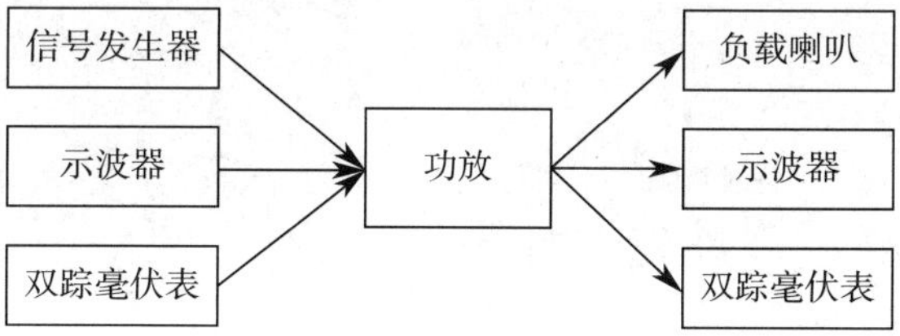

图3—3　功放测试连接示意图

步骤2：调节示波器的频率、幅度调节旋钮，显示出正常波形，如图3—4所示。

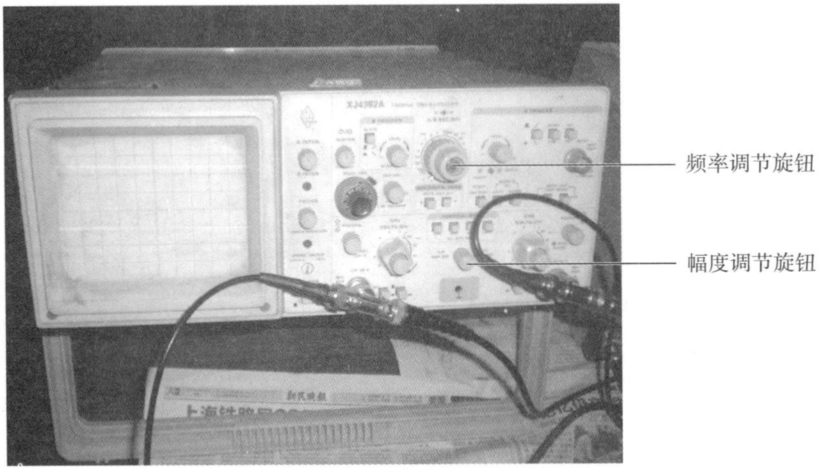

图 3—4　调节示波器示意图

步骤 3：调节双踪毫伏表的量程，根据所选的不同量程读出相关数据，如图 3—5 所示。

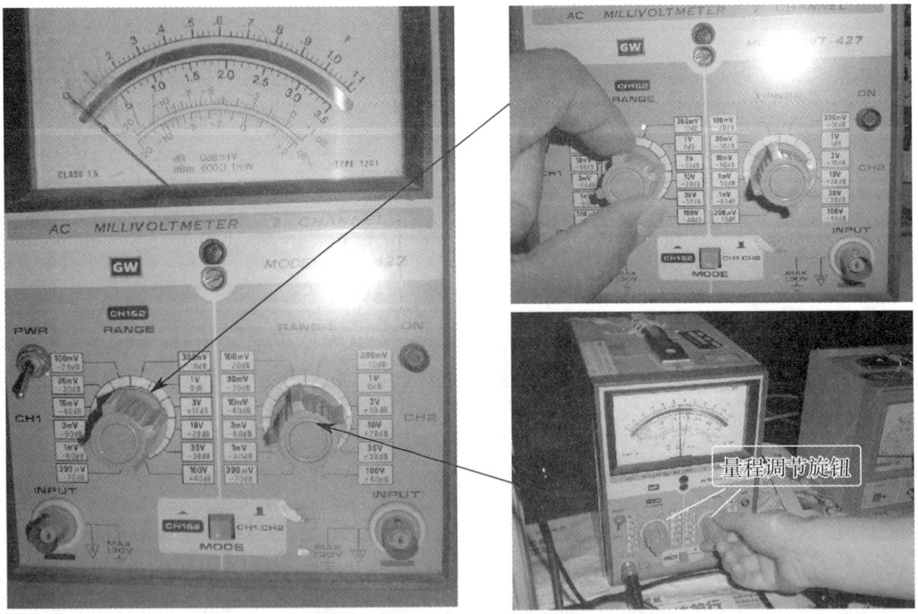

图 3—5　调节双踪毫伏表量程示意图

步骤 4：将广播功放进行通电，用示波器进行测量，显示输入、输出波形正常后，读出输入、输出电压，如图 3—6 所示。

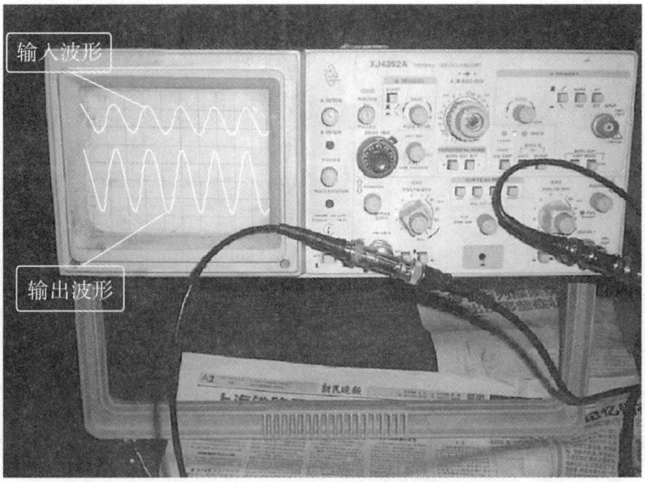

图 3—6　示波器的输入、输出波形

步骤 5：整理工器具清场，操作完成。

本章理论复习题

一、判断题（将判断结果填入括号中。正确的填"√"，错误的填"×"）

1. 声级越大，则表明声音听起来越轻。（　　）
2. 广播设备是指有声音发出的设备。（　　）
3. 广播信号传播是指声音直接从电缆中传输。（　　）
4. 有线广播设备由功率放大器、前置放大器、话筒、喇叭等组成。（　　）
5. 功率放大器输出信号可以有定压和定阻两组输出。（　　）
6. 广播音源信号是直接与功率放大器输入端连接从而接入广播系统的。（　　）
7. 定阻输出有较高的电压，在线路传输时衰耗影响较小，因此适合长距离传输。（　　）
8. 城市轨道交通车站广播系统是由车站广播机架设备、车辆段广播机架设备、中央广播机架设备组成的一个网络。（　　）
9. 车站广播控制盘可以用快捷键操作。（　　）
10. 车站广播控制盘可以由工控机来替代操作。（　　）

二、单项选择题（选择一个正确的答案，将相应的字母填入题内的括号中）

1. 声级可以理解为各个（　　）的声音计权相加。

A. 频率　　B. 幅度　　C. 相位　　D. 强度

2. 使用分贝描述声音时需要同时给出（　　）。

A. 相位　　B. 噪声　　C. 频率　　D. 强度

3. 关于无线话筒的说法，正确的是（　　）。

A. 无线话筒声音传送不需要电缆　　B. 只要有接收机就能收到话筒信号

C. 无线话筒使用的载波频率极高　　D. 无线话筒传送的距离非常远

4. 功率放大器输出信号（　　）。

A. 只有定压输出　　B. 只有定阻输出

C. 必须有定压和定阻两组输出　　D. 可以有定压和定阻两组输出

5. 车站广播系统网络不包括（　　）。

A. 车站广播机架设备　　B. 中央广播机架设备

C. 车辆段广播机架设备　　D. 导乘设备

本章理论复习题参考答案

一、判断题

1. ×　2. ×　3. ×　4. √　5. √　6. ×　7. ×　8. √　9. √　10. √

二、单项选择题

1. A　2. C　3. A　4. D　5. D

本章操作技能复习题

一、广播控制盘的功能检查及操作

试题单

（1）操作条件

1）广播操作键盘。

2）大信号机框、小信号机框、CSU（车站中央控制器）处理器、负载切换设备、喇叭。

（2）操作内容

1）检查广播控制盘的连接状态。

2）使用快捷键进行播音。

3）分别进行选区的人工广播。

4）进行应急广播的操作。

（3）操作要求

1）准备工作完善、正确，无遗漏。

2）检查内容无遗漏。

3）操作正确。

4）命令正确。

5）作业安全规范，无违规、违章操作。

二、车站广播设备的性能检查

试题单

（1）操作条件

1）通信机房。

2）大信号机框、小信号机框、CSU处理器、负载切换设备、语音合成器、功率放大器。

（2）操作内容

1）按通信设备维修规范的要求，在机架上对车站设备进行全性能检查。

2）正确使用人机对话的操作界面。

（3）操作要求

1）准备工作完善、正确，无遗漏。

2）检查内容无遗漏。

3）操作正确。

4）命令正确。

5）作业安全规范，无违规、违章操作。

第 4 章

视频监控单元模块

4.1 电视

学习目标

✓ 了解电视的基础知识
✓ 了解电视的制式

知识要求

电视可以传送活动的视觉图像。同电影相似，电视利用人眼的视觉暂留效应，使一帧帧渐变的静止图像形成视觉上的活动图像。电视系统的发送端把景物的各个微细部分按亮度和色度转换为电信号后，顺序传送；在接收端按相应的几何位置显现各个微细部分的亮度和色度来重现整幅原始图像。

4.1.1 基础知识

1. 可见光的特性

光以电磁波的形式存在，在真空中的传播速度为 3×10^{8} m/s。其中，波长范围在 380～780 nm 的电磁波能够引起人眼的视觉反应，称为可见光。可见光在整个电磁波谱中所占的频带很窄，如图 4—1 所示。

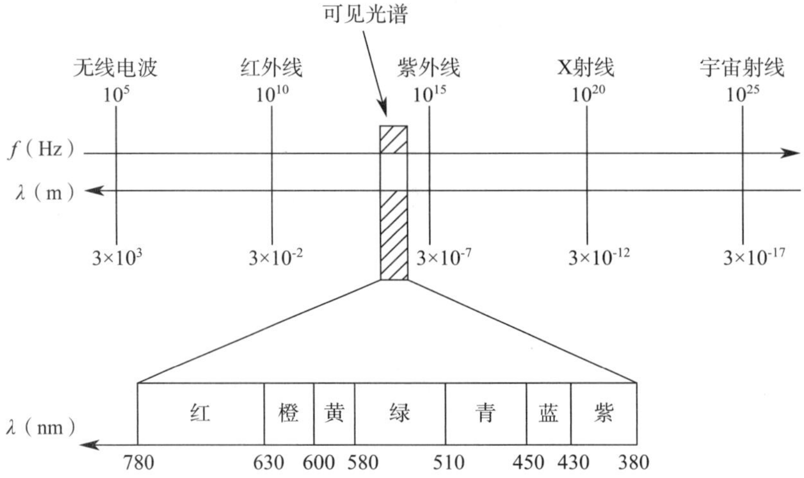

图 4—1　电磁波谱与可见光谱

可见光的性质取决于它的波长，不同波长的可见光射入人眼会引起不同的色彩感觉。例如，波长为 400 nm 左右的光呈现紫色，波长为 550 nm 左右的光呈现绿色。单一波长的光称为单色光，两种或两种以上波长的光混合称为复合光。复合光可以呈现与单色光相同或不同的色彩，如红光与绿光按一定比例混合后作用于人眼的色彩感觉为黄色。太阳光也是一种复合光，它包含了全部的可见光谱，给人的综合色彩感觉为白色光。阳光通过棱镜可分解为红、橙、黄、绿、青、蓝、紫七种色光。

2. 色彩三要素

亮度、色调和色度称为色彩三要素。任何一种色彩对人眼引起的视觉作用都可以用色彩三要素来描述。亮度是指色光作用于人眼引起明暗程度的感觉，亮度与色光的能量及波长的长短有关。图像中最亮处与最暗处亮度之比称为对比度。色调是指色光的色彩类别，如红色、绿色、蓝色。色度是指色彩的深浅程度。同一色调的色光，色度越高，色彩就越深。

3. 电视的扫描

电视的扫描分为逐行扫描和隔行扫描。逐行扫描是指每一帧图像均由电子束顺序地一行接着一行连续扫描而成，从而得到稳定的图像。逐行扫描时，每帧图像必须扫描所有行。隔行扫描是指将一幅 625 行图像分成两场来扫。第一场称为奇数场，只扫描 625 行的奇数行，而第二场只扫描 625 行的偶数行，通过两场扫描完成原来一帧图像扫描的行数。

我国电视标准规定：一帧扫描总行数625行，帧正程575行，帧逆程50行。采用隔行扫描方式，场扫描312.5行，场正程287.5行，场逆程25行。场频50 Hz，场周期20 ms，行频15 625 Hz，行周期64 μs，行正程时间≥52 μs，行逆程时间≤12 μs。视频信号的最高频率为6 MHz。

4. 像素

像素的英文单词pixel是一个合成词，它是构成数字图像的基本单元。一幅图像中像素的数目越多，图像就越清晰。一幅清晰、完整的黑白照片由许多深浅不同、排列有序的像素组成。

一幅电视图像约有40万个像素，对于彩色电视机来说，荧光屏上的彩色图像由许多彩色像素组成，一个彩色像素又是由红、绿、蓝色点组成的。

4.1.2 电视的制式

电视信号的标准又称电视的制式，彩色电视的制式明确了信号处理与传输的方式。彩色电视是在黑白电视的基础上发展起来的，其基本图像信号是三个基色信号。

目前，世界上有三种同属于兼容制的彩色电视制式，即NTSC［（美国）国家电视标准委员会)］制、PAL（逐行倒相）制、SECAM（顺序与存储彩色电视系统）制。我国电视信号采用的是PAL－D（延迟逐行倒相）制。

1. NTSC制

20世纪50年代，NTSC制在美国制定。它是将两个色差信号以正交平衡调幅方式调制在副载波上，形成的色度信号与亮度信号同时传送，因此属于同时制。NTSC制主要用于北美、东南亚地区和日本。

2. PAL制

20世纪60年代，PAL制在德国制定，是德国指定的彩色电视广播制式。它是在NTSC制基础上进行的改进，也是将两个色差信号以正交平衡调幅方式调制在副载波上，形成的色度信号与亮度信号同时传送，因此也属于同时制。PAL制主要用于我国及西欧各国。

3. SECAM制

20世纪60年代，SECAM制在法国制定。它是将两个色差信号以调频方式分别调制在两个频率不同的副载波上，形成两个色度信号逐行轮换，与亮度信号同时传送，属于顺序－同时制。

4.2 摄像机电源和图像采集设备

学习目标

✓ 了解摄像机、镜头及电源设备的组成
✓ 掌握摄像机、镜头及电源箱的基本性能
✓ 能够进行定焦摄像机与电源盒的安装和调试

知识要求

4.2.1 摄像机电源

摄像机电源分为集中供电和独立供电两类。集中供电的优点是安装布线方便；缺点是电源出故障时所有摄像机都停止工作。独立供电的优点是单个电源出故障不会影响其他摄像机的工作；缺点是安装烦琐。

1. 摄像机的供电方式

摄像机的供电方式一般有三种，DC 12 V 供电、AC 24 V 供电和 AC 220 V 供电，球形摄像机（简称球机）一般采用 AC 24 V 供电，一些家用的网络摄像机供电电压只有 5 V。

2. 摄像机电源的组成

摄像机电源由电源盒、电源变压器、直流整流电路、输入/输出接线端子和相关的测试连接端口等组成。

3. 摄像机的供电系统

摄像机的供电系统一般采用独立供电的方式，由视频监控机房单独放置 220 V 交流电源线并进行控制。如果采用 DC 12 V 供电或 AC 24 V 供电，则需要进行电源的转换。

4.2.2 图像采集设备

图像采集设备主要由摄像机、镜头、护罩等组成。在城市轨道交通视频监控系统中大多使用 CCD（电荷耦合器件）摄像机。CCD 摄像机是获取监控现场图像的重要前端设备，它以 CCD 图像传感器为核心部件，外加同步信号生成电路、视频信号处理电路及电源等。近年来，新型、低成本的 CMOS（互补金属氧化物半导体）图像传感器也有了较快的发展，由于 CMOS 图像传感器的分辨率和最低照度等主要性能指标暂时还不及 CCD 图像传感器，因此，在城市轨道交通视频监控系统中仍主要使用 CCD 摄像机。

1．摄像机

（1）概述。摄像机的主要传感部件是 CCD，它具有灵敏度高、畸变小、使用寿命长、抗振动、抗磁场、体积小、无残影等特点。最初的彩色 CCD 摄像机都是由三片 CCD 图像传感器配合彩色分光棱镜及彩色编码器等组成，随着技术的不断进步，通过两片甚至单片 CCD 图像传感器也可以输出红、绿、蓝三种基色信号，由此产生了两片或单片彩色 CCD 摄像机。目前，三片彩色 CCD 摄像机属于高档设备，几乎全部用于广播电视系统及高档民用系统，单片彩色 CCD 摄像机大多应用于闭路电视系统。

摄像机按功能不同可分为固定摄像机和一体化摄像机。固定摄像机所摄取的图像是固定的，有视频线和电源线。一体化摄像机可大致分为特殊型及一般型，常见的一体化摄像机皆具备各种基本功能，如自动光圈、450 线以上清晰度、背光补偿、可0°～360°旋转等。

云台是监控系统前端负责上下和左右转动的电动机设备，云台摄像机接收解码器发送过来的电平信号进行转动。一般的云台有转动死角，基本可以做到 0°～355°水平旋转，且必须反向旋转。对于高速球机则可以 0°～360°全向旋转，主要因为高速球机使用石墨集电环，不受内部线缆连接的限制。

（2）性能指标。摄像机的主要性能指标有灵敏度、自动增益控制、信噪比、白平衡、色温和最低照度。

1）灵敏度。灵敏度是指以 32 000 K 色温、2 000 lx 照度的光线照在具有 89%～90%反射系数的灰度卡上，用摄像机拍摄，当图像电平达到规定值时所需的光圈指数 F。F 值越大，灵敏度越高。

2）自动增益控制。自动增益控制是指对放大器的增益进行自动调节的过程。摄像机的视频放大器将来自 CCD 的信号放大到可以使用的水准，利用摄像机的 AGC（自动增益控制）电路去探测视频信号的电平，适时地开关 AGC，从而使摄像机能够在较大光照范围内工作，即在低照度时自动增加摄像机的灵敏度，从而提高图像信号的强度来获得清晰的图像。

3）信噪比。摄像机的信噪比是指视频信号电平与噪声电平之比。它是衡量摄像机质量的重要指标。信噪比越高，图像越清晰，质量就越好。摄像机的信噪比通常在 50 dB 以上。

4）白平衡。摄像机白平衡是描述显示器中红、绿、蓝三基色混合生成白色精确度的一项指标。在任何光源下，白色物体都能被还原为白色。对在特定光源下拍摄时出现的偏色现象通过加强对应补色来进行补偿，可以解决色彩还原和色调处理的一系列问题。白平衡就是在不同色温条件下，通过调整摄像机内部的色彩电路使拍摄出来的影像抵消偏色，从而更接近人眼的视觉习惯。

5）色温。摄像机的色温定量地以开尔文温度（单位为 K）来表示色彩。色温现象在日常生活中非常普遍，如钨丝灯所发出的光由于色温较低表现为黄色，不同路灯会发出不同色彩的光，天然气的火焰呈蓝色是因为色温较高等。万里无云时蓝天的色温约为 10 000 K，阴天的色温约为 7 000 ~ 9 000 K，晴天日光直射下的色温约为 6 000 K，日出或日落时的色温约为 2 000 K，烛光的色温约为 1 000 K。色温越高，光色越偏蓝；色温越低，则越偏红。

6）最低照度。摄像机都需要在某亮度（照度）光线条件下工作，如果光线低于某一照度就无法看清图像。最低照度是指摄像机开到最大光圈、使用最大增益时，让图像电平达到规定值所需的照度。

2. 镜头

镜头是电视监控系统中必不可少的设备，与摄像机、护罩为一体。镜头合适与否直接关系到摄像机图像质量的优劣。镜头相当于人眼的晶状体，如果没有晶状体，人眼看不到任何物体；如果没有镜头，那么摄像头所输出的图像就是白茫茫一片，没有清晰的图像输出。镜头种类繁多，从焦距上分类，可分为短焦距、中焦距、长焦距和变焦距镜头。电动三可变镜头是指光圈、焦距和聚焦均可变。

（1）镜头的选择。镜头光圈分固定、手动和自动光圈镜头。固定光圈镜头、手动光圈镜头适用于亮度不变的场合，自动光圈镜头因为亮度变更时其光圈也自动调整，所以适用于亮度变化的场合。一般在室内情况下采用手动光圈镜头。

光圈镜头的驱动分为电源驱动和视频驱动两种。电源驱动自动光圈镜头通过四根线控制镜头，其中两根为 DC 12 V 电源线驱动镜头中的电动机，另外两根控制线通过镜头内的光感应点感应外部光源的照度来控制光圈的大小。视频驱动自动光圈镜头则是通过三根线来控制镜头，其中一根控制线通过视频触发信号来启动光圈，并控制光圈大小，另外两根为 DC 12 V 电源线驱动镜头中的电动机。

（2）自动光圈的控制。当监控点在室外时，应采用带自动光圈的镜头，因为室外光线的动态范围变化较大。例如，夏日阳光下环境照度达 50 000 ~ 100 000 lx，夜间路灯下环境照度仅为 10 lx，变化幅度相当大。在这种情况下，摄像机无论是否具有自动调整灵敏度功能，通过摄像机本身的电子快门已不可能适应这么宽的照度范围，也就无法达到控制图像效果的目的。

（3）焦距。焦距是指光组主点到焦点的距离，而镜头的焦距实际上就是构成镜头的组合光组的焦距，它决定了摄取图像的大小。覆盖景物的镜头焦距计算式如下：

$$f = uD/U \text{ 或 } f = hD/H$$

式中 f——镜头焦距，mm；

D——镜头至景物实测距离，mm；

u——CCD 感光靶面垂直尺寸，mm；

U——被摄物体的垂直尺寸，mm；

h——CCD 感光靶面水平尺寸，mm；

H——被摄物体的水平尺寸，mm。

表 4—1 列出了几种常见 CCD 芯片的靶面尺寸。

表 4—1　几种常见 CCD 芯片的靶面尺寸　mm

CCD 感光靶面尺寸	标称芯片尺寸				
	25.4（1 in）	16.9（2/3 in）	12.7（1/2 in）	8.47（1/3 in）	6.35（1/4 in）
对角线	16.0	11.0	8.0	6.0	4.5
垂直	9.6	6.6	4.8	3.6	2.7
水平	12.7	8.8	6.4	4.8	3.6

例如，已知镜头中心到景物实测距离为 3 m，物体的高度为 1.8 m，所用的摄像机 CCD 靶面为 1/2 in，由表 4—1 查得对应的靶面垂直尺寸为 4.8 mm，则镜头的选配焦距为：

$$f = uD/U = 4.8 \times 3\,000/1\,800 = 8 \text{ (mm)}$$

即该现场摄像机的镜头应选配焦距约为 8 mm 的镜头。

（4）视场角。摄像机的视场角是摄像管 CCD 中有效成像平面边缘与光学镜头中心所形成的夹角。镜头视场角随镜头焦距及摄像机规格大小而变化。在摄像机与被摄物体之间距离相对固定的情况下，镜头视场角越大，所拍摄画面的视野也就越开阔，物体在画面中也就越小。在实际拍摄中，影响镜头视场角变化的往往只有镜头焦距，镜头焦距与视场角大小成反比关系，即焦距越长，视场角越小；焦距越短，视场角越大。

技能要求

定焦摄像机与电源盒的安装和调试操作

定焦摄像机与电源盒是视频监控系统中最基本的设备，必须掌握定焦摄像机与电源盒的安装和调试操作。

操作准备

实训设备及工具见表4—2。

表4—2　　实训设备及工具

序号	名称	数量
1	定焦摄像机	1台
2	电源盒	1套
3	视频线	2根
4	万用表	1台
5	电源线	1套
6	一字旋具	1把
7	十字旋具	1把

操作要求

1. 按要求对电源部件进行检查。
2. 按要求进行线路连接。
3. 正确执行安全作业规范。

操作步骤

步骤1：使用万用表测电阻的 R×1 Ω 挡对三相电源插头接地线进行检查，如图4—2所示。

（1）用万用表对电源线进行检查，将万用表置于测电阻的 R×1 Ω 挡。

（2）检测电源相线、零线和接地线，并确定各线的色彩，做好记录。

步骤2：将电源连接线接入电源盒中，电源接线如图4—3所示。

（1）打开电源盒，将电源线穿过接线孔。

（2）将电源相线（棕）、零线（蓝）和接地线（黄、绿双色）分别接到接线端子上。

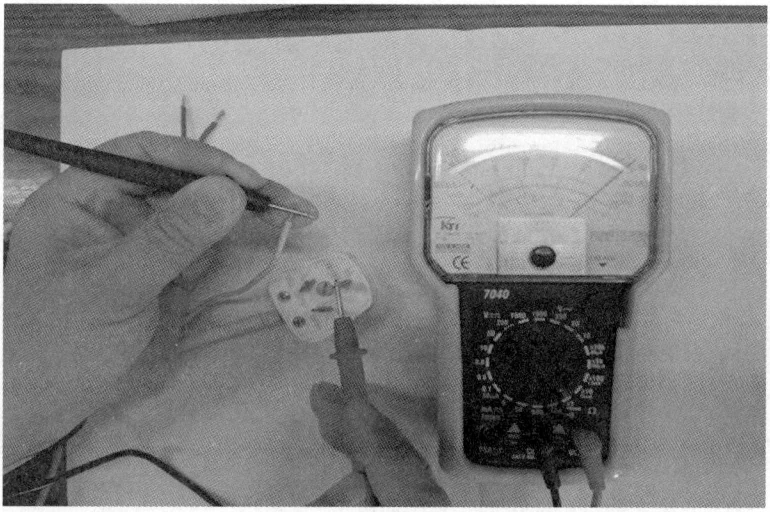

图 4—2　检查电源插头接线

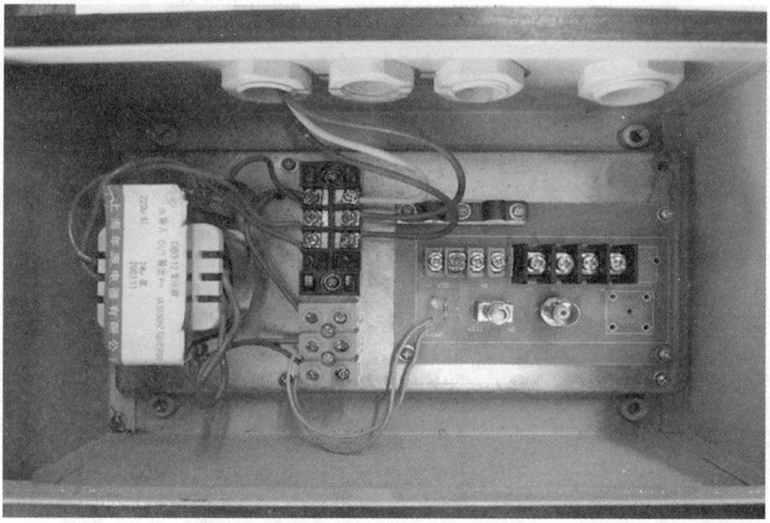

图 4—3　电源接线

步骤 3：用万用表测量变压器输出电压。

（1）检查电源接线是否正确，接线正确后通电。

（2）选择万用表 50 V 交流电压挡测量变压器输出电压，如图 4—4 所示，要求变压器输出电压为 24 V。

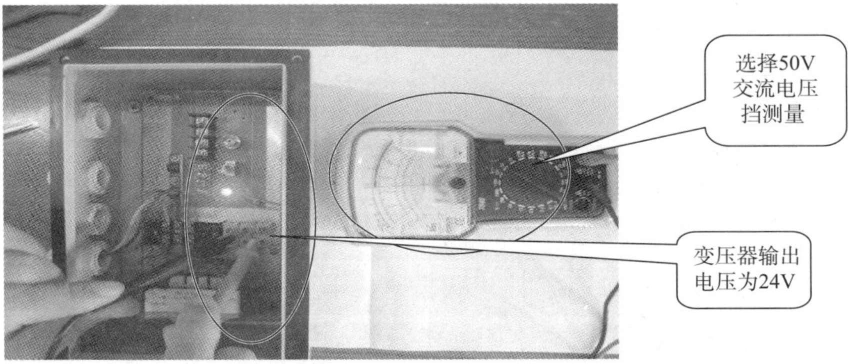

图 4—4　测量变压器输出电压

步骤 4：将摄像机电源输入线与摄像机电源相连。

（1）将摄像机电压输入线穿过接线孔。

（2）将摄像机电压输入线一端接电源盒，另一端接摄像机电源输入端，如图 4—5 所示。

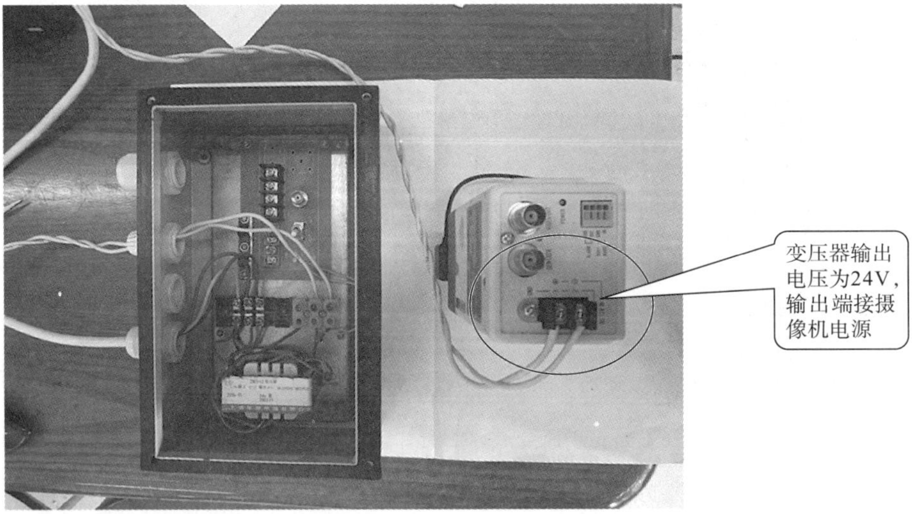

图 4—5　摄像机电源接线

步骤 5：将视频输入线和视频输出线接入电源盒。

（1）将视频输入线和视频输出线穿过穿线孔。

（2）将视频输入线和视频输出线接到电源盒接线端子上，如图 4—6 所示。

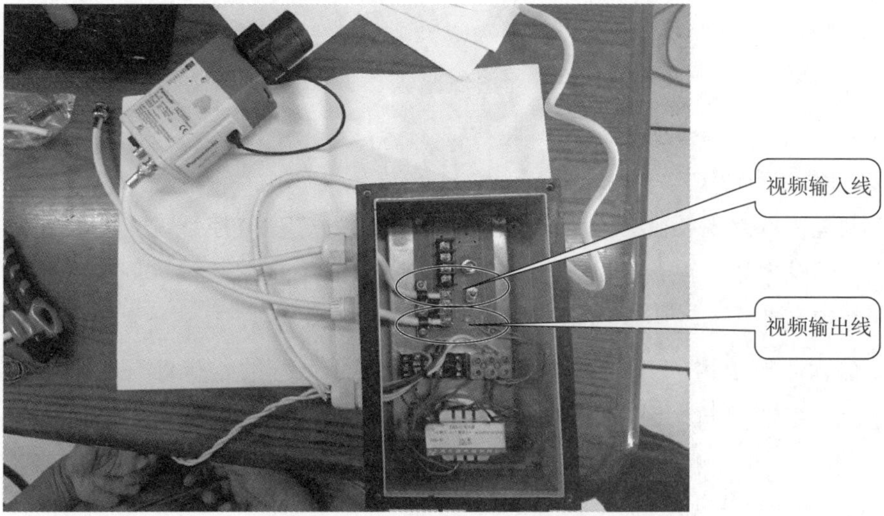

图 4—6　视频输入、输出接线

步骤 6： 将设备复原，整理工具，清理场地，操作完成。

4.3　视频监控技术

学习目标

✓ 了解视频监控的基础知识
✓ 了解视频监控系统设备的功能
✓ 掌握视频监控系统的组网
✓ 能够进行车站视频监控设备的技表作业

知识要求

4.3.1　基础知识

1. 视频信号

视频信号是指电视信号、静止图像信号和可视电视图像信号。视频信号包括图像信号（正程）和消隐信号（逆程）。在 PAL 制电视信号中，彩色信号调制在频率为 4.43 MHz 的色副载波上，而色副载波又叠加在亮度信号上。色副载波的幅度决定彩色信号的饱和度。对于标准的视频信号，图像信号幅度为0.7 V，行、场同步脉冲幅度为0.3 V（与图像信号反向），图像信号峰峰值为1.0 V，实际应用中峰峰值在0.9～1.2 V（75 Ω 输入负荷）之间。峰峰值过小，图像暗淡，同步不稳；峰峰值过大，图像失真，亮度层次变差。

2. 视频信号的传输

直接电缆传输是视频监控系统中最基本的传输方式，监控系统中应用最广泛的视频传输线是同轴电缆。视频监控系统多是中短距离的中小型系统，同轴视频传输技术最常用。在视频监控系统中，模拟摄像机的输出阻抗为75 Ω 不平衡方式，而控制台及监视器的输入阻抗也为75 Ω 不平衡方式，为了整个系统的阻抗匹配，其传输线往往采用75 Ω 的特性阻抗。使用同轴电缆传输图像时，距离在300 m 以下的可以采用SYV75－5 电缆，在传输距离增加时可以考虑使用低损耗的同轴电缆，如SYV75－7、SYV75－9 等，或者加入电缆补偿器。

4.3.2 视频监控系统

1. 发展概述

视频监控技术具有悠久的历史，最早在20 世纪50 年代，我国故宫博物院就安装了防盗报警设备。从20 世纪80 年代开始，银行首先开始使用监控设备。随着安全问题成为整个国际社会关注的焦点以及社会、经济、科技的发展，视频监控技术得到了广泛的发展，目前视频监控进入数字化网络时代。

视频监控技术的发展主要经历了三个阶段。

第一阶段是模拟监控系统，又称闭路电视监控系统，发展于20 世纪70 年代至90 年代期间，主要是一对一监视系统，开创了视频监控的先河。模拟监控系统是靠视频电缆一对一直接相连的，即有多少台摄像机就有多少个监视器，是闭路监控系统发展的最初级阶段，前台摄像和后台管理都采用模拟技术。90 年代中后期开始普及基于DVR/DVS（硬盘录像机/网络视频服务器）的数字监控系统，该系统实现本地数字化压缩存储，前台依然是模拟技术，但将后台的管理和回放数字化。

第二阶段是准数字视频监控系统。随着计算机处理能力的提高和视频技术的发展，出现了准数字视频监控系统，该系统将前端模拟摄像头拍到的图像全部数字化，后台进行全面的数字化管理。

第三阶段是数字化网络视频监控系统。进入21 世纪，随着网络带宽、计算机处理能力和存储容量的迅速发展以及各种实用视频信息处理技术的出现，视频监控进入了网络时代，数字化网络视频监控从开始普及的基于网络的数字视频监控系统，逐步实现全 IP 编解码、IP 网络存储和 IP 网络的整合。

2. 监控方式和监控级数

（1）监控方式。城市轨道交通一般采用车站、控制中心、上级监控中心三级互相独立的监视方式，通常以车站值班员控制为主进行视频监视，控制中心调度员可选择调取所属线车站的任一摄像头的监控画面。

（2）监控级数。在一个城市有多条线路的情况下，上级管理中心可以设置上级监控中心，根据需要调取各线路监视画面。

3. 监控设备

视频监控设备主要由视频输入设备、视频切换控制设备和终端显示设备等组成。视频输入设备主要有视频连接电缆、电源转换箱、视频分配器等，视频切换控制设备主要有控制键盘、视频矩阵等，终端显示设备主要有监视器、电视墙等。视频监控设备能直观地为使用人员提供监控图像，以处理各类事件。

下面介绍几种常用的视频监控设备。

（1）视频分配器。视频分配器实现了一路视频输入、多路视频输出的功能，使观察者可在无扭曲或无清晰度损失的情况下观察视频输出。通常视频分配器除提供多路独立视频输出外，兼具视频信号放大功能。视频分配器可以把一路视频输入分配为 2 路、4 路、8 路、12 路、16 路与输入完全相同的视频输出，供其他视频处理器使用。视频分配器由独立且隔离的互补晶体管或独立的视频放大器集成电路提供 4 ~ 6 路独立的75 Ω 负载能力，具备兼容性和一个较宽的频率响应范围。视频输入和输出均为 BNC 端子（一种用于同轴电缆的连接器）。

（2）切换控制设备。切换控制设备一般采用控制键盘，控制键盘是视频监控系统中必不可少的设备，摄像机画面的选择切换、云台及电动镜头的全方位控制等都必须通过对控制键盘进行操作来实现。控制键盘一般通过 RS232、RS485 或 RS422 通信总线与系统主机相连，控制键盘上一般设有 LED（发光二极管）显示屏或液晶显示屏以显示控制指令或系统内各个监视点的工作状况，有些控制指令或监视点的工作状况可以用数字方式显示，而按键状态则以指示灯是否点亮来表示。控制键盘具有摄像机控制选择、摄像机控制、云台控制、镜头控制、快速回预置位、多画面控制和键盘功能恢复等功能。

（3）画面分割器。画面分割器又称视频画面分割器、监控用画面分割器、画面处理器，有 4 分割、9 分割、16 分割模式，厂家也生产 20 分割、24 分割和 32 分割模式，可以在一台监视器上同时显示 4、9、16、20、24、32 个摄像机的图像，也可以将图像信号送到录像设备上记录备份。画面分割器有多种灵活的显示模式，如单画面全屏幕显示、叠加时间和编辑通道名称字符等。

（4）视频矩阵。视频矩阵可以将视频图像从任意一个输入通道切换到任意一个输出通道进行显示。一般情况下，视频矩阵的输入大于输出。模拟设备一般由模拟矩阵和视频服务器来切换视频和控制系统，表示它可以同时支持 M 路图像输入和 N 路图像输出（$M \times N$ 矩阵）。

（5）视频编码器和解码器。视频编码器位于网络视频监控系统的前端，而视频解码器则位于用户访问端（又称后端）。视频编码器用于实现前端信号（视频、音频及其他信号）的数字化压缩，具体功能包括监控点模拟视频信息和报警信息的接入、编码、压缩、传输等；视频解码器解码、输出模拟信号到监视器等外围设备。

（6）视频服务器。视频服务器在视频监控系统中起控制核心的作用。信号的传输、交换、控制、录像存储及点播回放都通过设立强大的视频服务器，实现对系统内所有编解码设备及录像存储设备的统一管理与集中控制。用户只需登录监控平台，即可实现全网监控资源的统一管理。同时，由于矩阵功能的局限性，当出现多客户端时，视频服务器能很好地解决客户端优先级的问题。

（7）终端显示设备。终端显示设备分为监视器、电视墙等。监视器在城市轨道交通中一般分布在车站车控室、控制中心调度大厅等；而电视墙是由多台电视机或监视器紧密拼凑一起组成的一面显示墙，通常用于显示多个图像信号，能直观地为工作人员提供监控图像，以便处理各类事件。只要正确连接视频电缆并接通电源，选择好输入端，监视器的屏幕就可以显示图像。核心场所的显示墙通常用于显示 8 个以上图像信号。车站在站台发车端上下行有 PDP（等离子显示板）监视器。

（8）图像存储设备。存储方式对轨道交通视频监控系统尤为重要，在轨道交通视频监控应用中，一般采用硬盘录像机作为图像存储设备，主要有 DVR 存储和 IPSAN（基于 IP 协议的 SAN，SAN 是指存储区域网络）磁盘阵列存储两种方式。其中，上海轨道公安分控中心所调用的录像信息是从车站 DVR 中调的，摄像机所摄图像经过均衡字符叠加后直接进入 DVR 进行图像信息存储。DVR 图像保存时间为 15 天，新建线路的录像机图像保存时间为 30 天。

4. 组网

城市轨道交通视频监控系统一般由车站视频监控系统、控制中心视频监控系统、上级监控中心视频监控系统组成。

（1）车站视频监控系统。城市轨道交通视频监控系统在售检票大厅、乘客集散厅、上下行站台、自动扶梯、各个车站出入口等公共场所，以及设置消防设备及变电设备的地方设监视摄像机。

1）车站视频监控设备的设置。摄像机的安装位置、安装数量及安装方式应根据乘客流向、乘客聚集地等场所综合考虑，同时，在重要设施处也应安装摄像机，以利于监管。

2）车站视频监控设备的功能。城市轨道交通视频监控系统应根据车站的布局情况设置监视点，如地下车站的固定摄像机应设于上下行站台，根据站台的长度可在上下行站台分别设置2～4台摄像机，摄像范围应能覆盖站台。给驾驶员观看的显示屏一般设置于上下行站台发车端，具有固定图像功能。配有自动云台的具有调焦功能的摄像机设于站厅，它可以自由偏转进行摄像，在车站控制室内设有显示器及控制键盘，选择所监视的车站图像，各站配有回放服务器，可调取本站回放视频图像，站长室的录像回放通过录像机来选择所需画面。

（2）控制中心视频监控系统

1）控制中心视频监控设备的设置。控制中心配有解码设备，在各调度台上配备8台监视器和一个带键盘的控制台。控制中心调度员可以调取本线任意车站的视频图像，也可以调取本线某一车站的8路视频图像。

2）控制中心视频监控设备的功能。每位行车调度员和防灾调度员可通过键盘操作来选择所希望了解的某个车站、某些区域的客流情况或突发事件的视频图像，同时，控制中心配备回放服务器，可以调取任意车站回放视频图像。

（3）上级监控中心视频监控系统

1）上级监控中心视频监控设备的设置。上级监控中心设备包括监视器、控制键盘和解码器等。

2）上级监控中心视频监控设备的功能。上级监控中心可通过不同的监视器显示不同线路的实时图像，上级监控中心调度员可调取所有线路、所有车站的实时图像。任何一个调度员选择观看某一幅画面时，不受其他调度员（或维护人员）对该画面任何选择的影响。

技能要求

车站视频监控设备的技表作业

车站视频监控设备的技表作业是检查车站视频设备正常与否的重要手段，必须掌握该项操作。

操作准备

实训设备及工具见表4—3。

表4—3　　实训设备及工具

序号	名称	数量
1	刷子	1把
2	抹布	若干
3	湿纸巾	若干
4	标贴纸	若干

操作要求

1. 按要求对视频监控部件进行检查。
2. 进行设备检查时，不能影响系统的正常功能。
3. 正确执行安全作业规范。

操作步骤

步骤1：打开电视监控设备机柜门，检查电源开关工作状态，如图4—7所示。

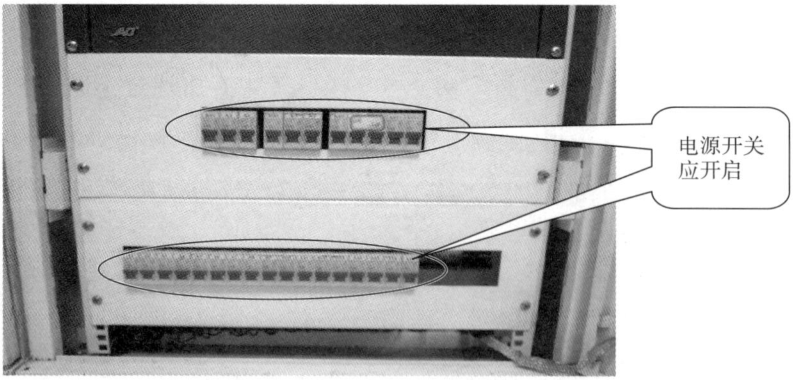

图4—7　检查电源开关工作状态

步骤2：检查视频均衡器设备电源开关指示灯状态，如图4—8所示。

图4—8　检查视频均衡器设备电源开关指示灯状态

步骤3：检查字符发生器设备电源开关指示灯状态，如图4—9所示。

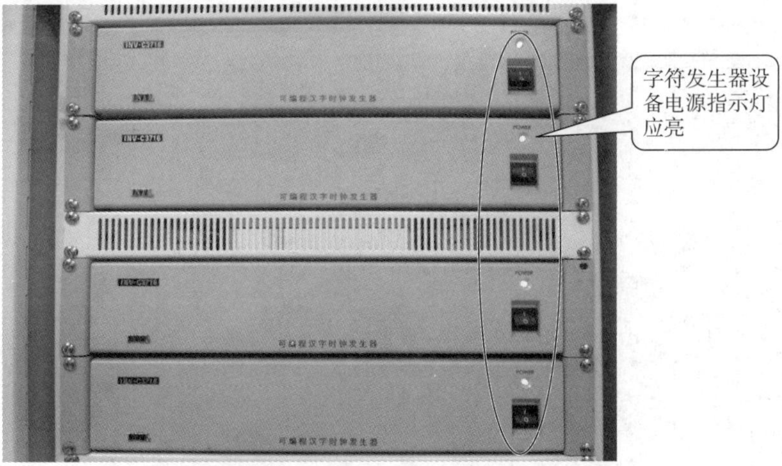

图4—9　检查字符发生器设备电源开关指示灯状态

步骤4：检查四画面处理器功能指示灯状态，如图4—10所示。

步骤5：检查视频矩阵CPU（中央处理器）及设备模块指示灯状态，如图4—11所示。

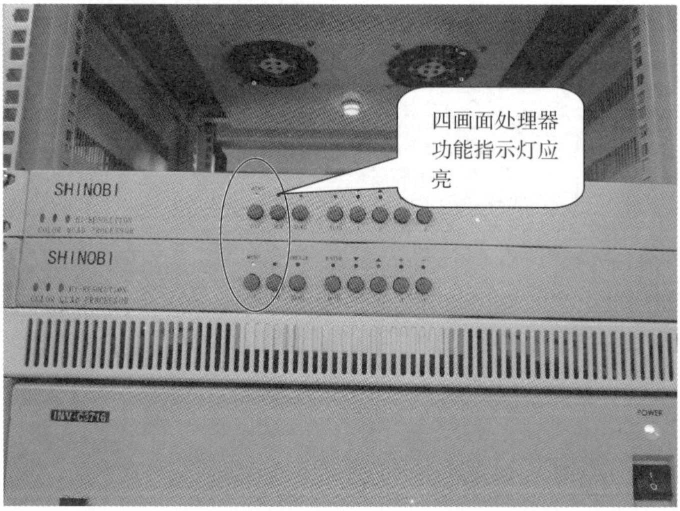

图 4—10　检查四画面处理器功能指示灯状态

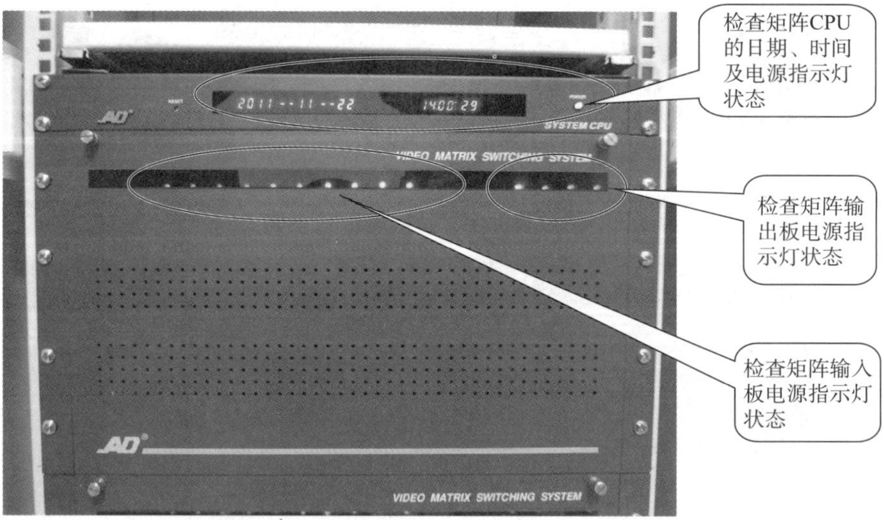

图 4—11　检查视频矩阵 CPU 及设备模块指示灯状态

步骤 6：检查录像机工作状态，如图 4—12 所示。

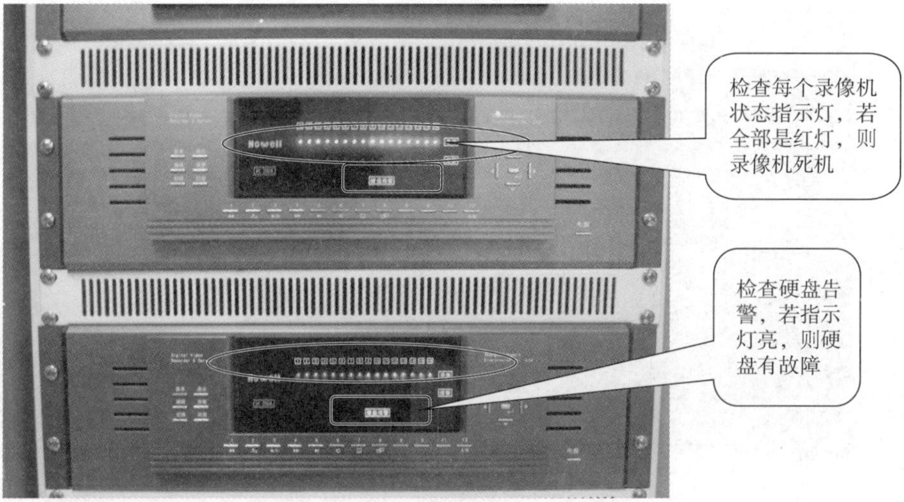

图 4—12　检查录像机工作状态

步骤 7：检查交换机工作状态，如图 4—13 所示。

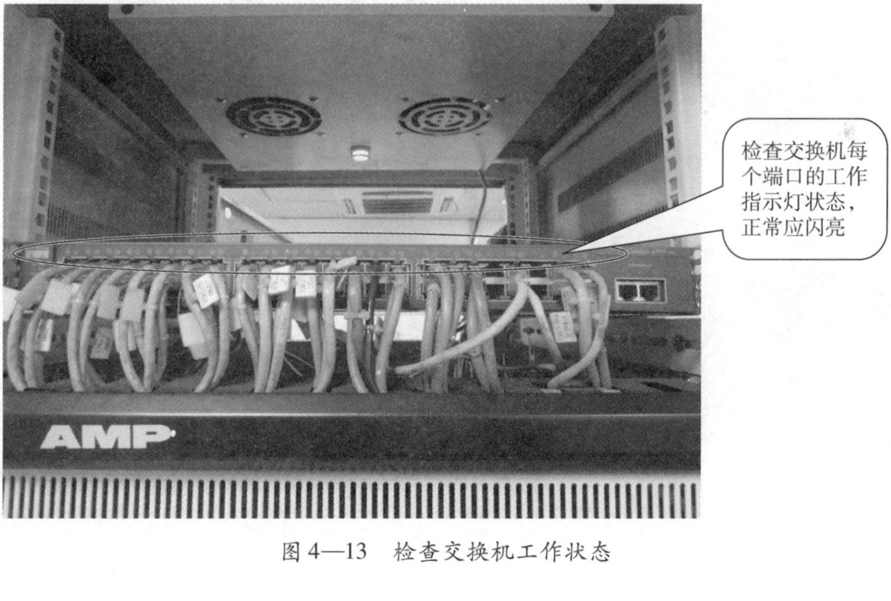

图 4—13　检查交换机工作状态

步骤 8：检查视频编码器工作状态，如图 4—14 所示。

图 4—14 检查视频编码器工作状态

步骤 9：用控制键盘（见图 4—15）检查视频图像的质量。

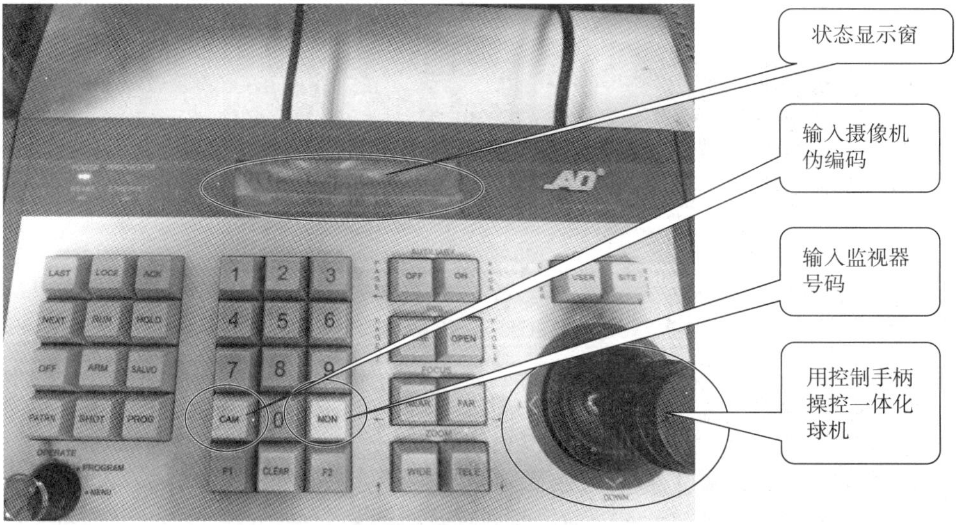

图 4—15 控制键盘

步骤 10：检查字符和时间，如图 4—16 所示。

步骤 11：检查录像机硬盘工作状态，如图 4—17 所示。

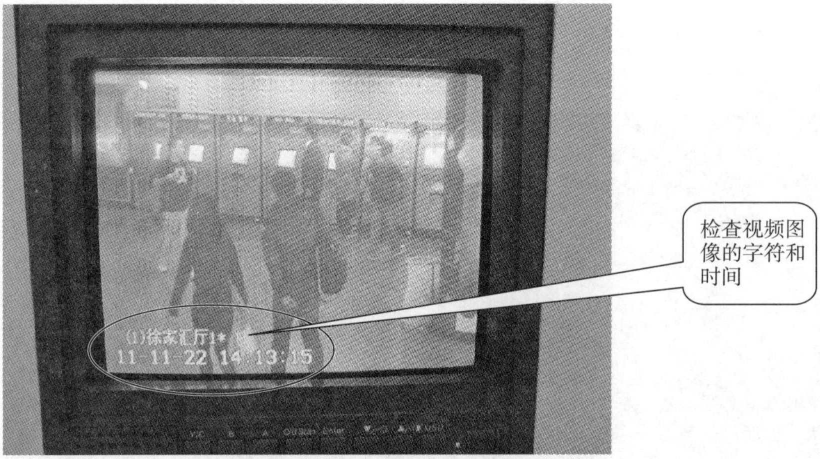

图 4—16　检查字符和时间

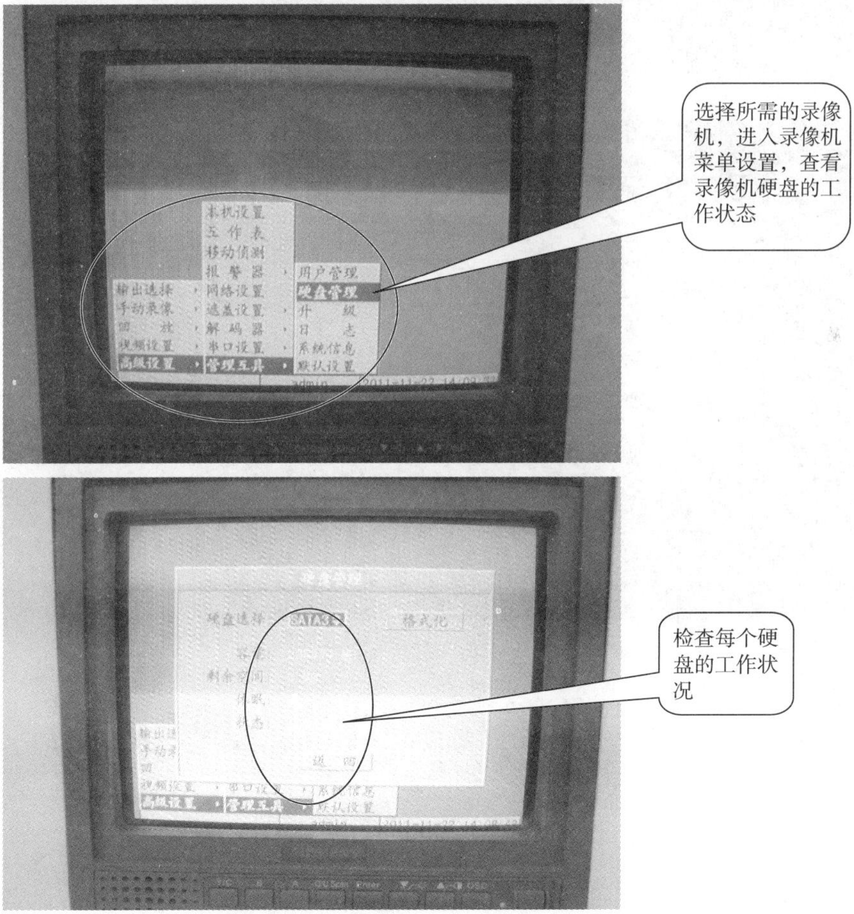

图 4—17　检查录像机硬盘工作状态

步骤 12：检查录像回放，如图 4—18 所示。

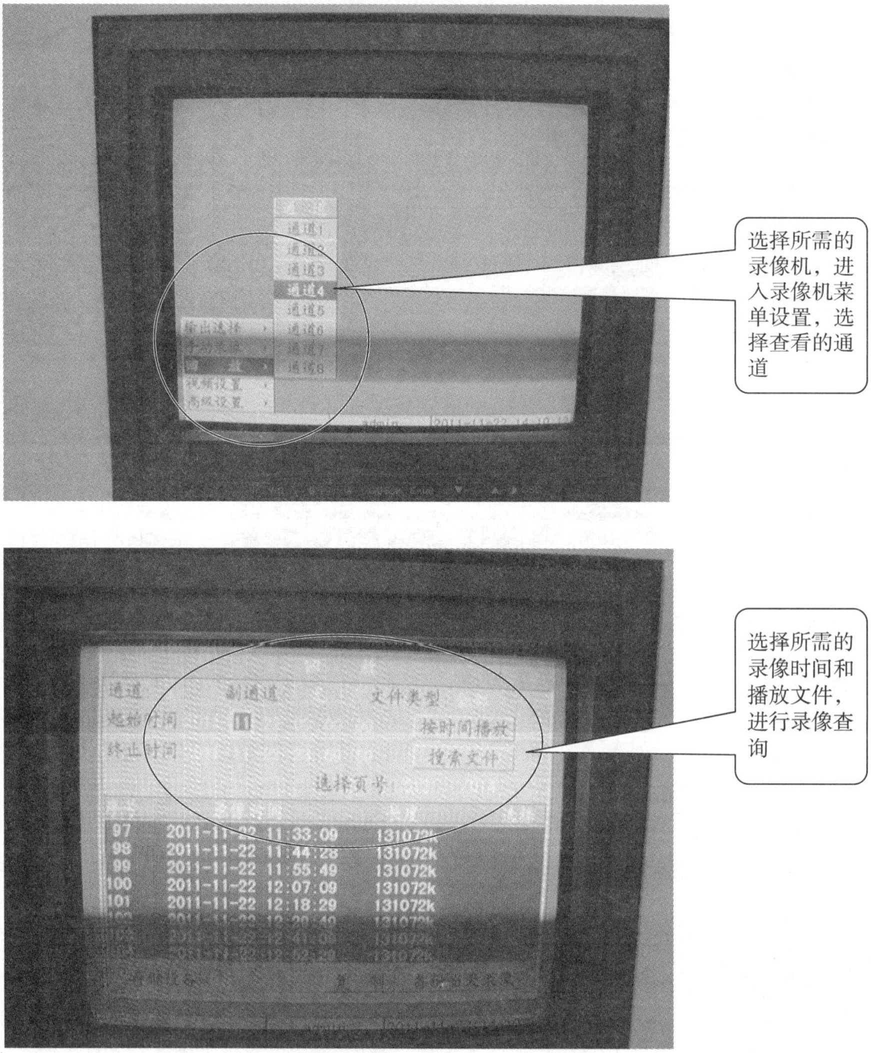

图 4—18　检查录像回放

步骤 13：检查公安分控设备计算机软件的开启情况，如图 4—19 所示。

图 4—19　检查公安分控设备计算机软件的开启情况

4.4　入侵报警系统

学习目标

✓ 了解入侵报警系统设备的功能

✓ 掌握入侵报警系统设备的基本性能

知识要求

城市轨道交通由于运量大、速度快、准时准点、安全性高等特点成为各大城市改善交通状况的优先选择，安全防范问题一直是轨道交通运营管理部门和公安部门面临的严峻挑战。从安全防范的角度看，地铁站需要配备足够的警力以有效处置突发事件，但更重要的是，地铁人员流动性大，地下空间封闭、不透明，这些特征决定地铁需要建设和配备先进的入侵报警系统，从而更好地做到事前预警、事中处理、事后取证的全过程安防保障。

4.4.1　入侵报警系统的工作流程

车站入侵报警系统的核心是报警控制主机，当有入侵情况发生时，报警按钮、探测器、应急电话等发出报警信号，报警控制主机经过分析处理触发相应的声光报警装置和辅助照明灯，车站安防视频服务器接收报警主机传送的报警信号，控制视频矩阵将相应区域的摄像机画面切换到安防分控点的监视器上，设置在安防中心的报警系统网管服务器记录详细的报警信息，配置的打印机可打印报警记录。

4.4.2 入侵报警系统的组网

城市轨道交通入侵报警系统是一个非常庞大的系统，一般整个系统可分为三级，如图 4—20 所示。

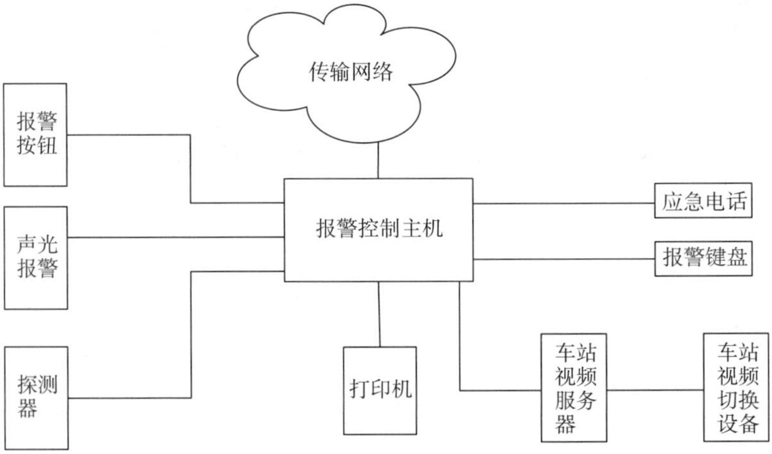

图 4—20 三级入侵报警系统图

第一级由车站的报警探测器、报警控制主机、报警服务器等设备组成。车站报警系统实现报警系统设置、报警信号采集、站内视频联动、报警信息上传等功能。

第二级是各线路控制中心。第二级通过通信传输系统与第一级建立通信，采集车站的报警信号，实现视频联动功能，并通过传输网络向上级中心上传报警信号，实现对整个线路报警设备的管理，同时实现整个线路的报警监控功能。

第三级是上级监控中心。第三级通过上层网或专用传输网接收各线路控制中心上传的报警信号，实现报警联动，进行应急指挥。

4.4.3 入侵报警系统的设备

1. 前端探测设备

入侵报警系统前端探测设备包括探测器、报警按钮、应急电话等，主要用于探测非法入侵等警情，进而产生报警信号。

（1）探测器。探测器可分为主动红外线探测器、被动红外微波双鉴探测器等。主动红外线探测器是以单片机技术为基础，采用多束主动红外线探测的工作原理，再辅以光学系统，可防范一个平面。它最明显的特征是由发射端主动发射红外线，由接收端接收红外线，形成红外线网络。这种探测器能够对入侵物进行主动防范，不会因小动物的穿越或气候的影响而产生误报警情，从而最大限度地降低了误报率。

被动红外探测器是指将入射的红外辐射信号转变成电信号输出的设备。红外辐射是波长介于可见光与微波之间的电磁波，人眼察觉不到。现代被动红外探测器主要利用红外热效应和光电效应，这些效应大多输出电信号。

（2）报警按钮。报警按钮是指入侵报警系统中的一类设备，当有紧急情况发生时，工作人员手动按下报警按钮即可向报警控制主机报告。

（3）应急电话。当应急电话被使用时，该设备会发出一个报警信号通知报警控制主机，并与视频监控系统联动主动切换至现场图像，便于管理人员处理紧急事件。

2. 报警控制设备

控制部分是实现整个入侵报警系统功能的指挥中心，由报警控制主机和车站视频服务器组成。

报警控制主机直接接收入侵探测器发出的开关报警信号，发出声光报警并指示入侵发生的位置，声光报警信号能保持到手动复位，如果再有入侵报警信号输入时，能重新发出声光报警信号。报警控制主机有防破坏功能，当连接入侵探测器和控制主机的传输线发生断路、短路或并接其他负载时，除了能发出声光报警故障信号，还能通过联动控制器联动频闪灯等。

报警控制主机将报警信息通过以太网和传输系统上传至车站视频服务器和控制中心网管终端，报警控制主机可通过键盘或报警操作终端进行任意布防、撤防操作，车站视频服务器接收报警信号后，实现与视频监控系统的联动功能。

4.5 安防监控系统

学习目标

✓ 了解安防监控系统的组成、特点和功能

知识要求

4.5.1 概述

城市轨道交通安防监控系统包含视频监控系统和入侵报警系统，运用视频监控系统向行车组织管理人员及安防人员提供各个重点区域（如车站站厅、站台、出入口、机房等）的监控画面，便于监控管理与及时处理。例如，控制中心的行车调度员可以实时监控全线各车站的情况，车站的车站值班员可以实时监控本站情况，司机可以在站台停车位看到乘客上下车的情况，以确保列车的安全运行。而入侵报警系统能够在第一时间以图像、文字形式告知管理人员、维护人员和保安人员现场情况，使各相关部门及时、有效地做出反应，为处理事故提供切实依据，轨道公安人员也能在公安监控中心实时监控各人流密集车站，及时处理突发事件。

4.5.2 特点和功能

城市轨道交通具有人流量大、运营线长、点多、面广、安全防范难度大等特点。城市轨道交通网络化运营的管理模式对轨道公安的治安管理模式及管辖区的划分提出了新的要求。以上海城轨公安分控中心项目为例，其项目功能如下。

1. 实现七个公安分控中心和应急中心视频监控建设要求，实现管辖范围内车站的统一监控、统一管理及相关的联动要求，轨道分局及应急中心可调取任意线路车站的视频图像。

2. 实现各公安分控中心和应急中心对其管辖车站录像的统一回放功能。

3. 实现轨道交通各车站入侵报警系统建设要求，以及各车站或各轨道交通控制中心、各公安分控中心和应急中心视频监控系统的联动功能。各个分控中心可以调取对应线路车站的实时图像。

本章理论复习题

一、判断题（将判断结果填入括号中。正确的填“√”，错误的填“×”）

1. 随着技术的进步，视频监控进入数字化网络时代。（ ）

2. 可见光的性质取决于它的波长，不同波长的可见光射入人眼会引起不同的色彩感觉。（ ）

3. 亮度、色调和色度称为色彩三要素。（ ）

4. 一幅电视图像约有400万个像素。 (　　)

5. 我国电视信号采用的是PAL-D制。 (　　)

6. 在车站控制室内设有显示器及控制键盘，选择所监视的车站图像。 (　　)

7. 图像采集设备主要由摄像机、镜头、护罩、监视器等组成。 (　　)

8. 视频矩阵可以将视频图像从任意一个输入通道切换到任意一个输出通道进行显示。 (　　)

9. 车站报警系统实现报警系统设置、报警信号采集、站内视频联动、报警信息上传等功能。 (　　)

10. 轨道分局及应急中心可调取任意线路车站的视频图像。 (　　)

二、单项选择题（选择一个正确的答案，将相应的字母填入题内的括号中）

1. 模拟设备为主的视频监控系统出现在（　　）。

A. 20世纪70年代　　B. 20世纪90年代前

C. 20世纪90年代后　　D. 21世纪

2. 可见光的波长是（　　）nm。

A. 380~780　　B. 0~380

C. 0~780　　D. 780~980

3. （　　）是指色光所呈现色彩的深浅程度。

A. 色度　　B. 色调

C. 色差　　D. 以上都不对

4. 摄像机是获取监控现场图像的重要（　　）设备。

A. 前端　　B. 终端

C. 控制　　D. 附属

5. 常见的摄像机云台一般有转动死角，但可以做到（　　）旋转。

A. 0°~90°　　B. 0°~270°

C. 0°~355°　　D. 0°~360°

6. 当应急电话被使用时，该设备会发出一个报警信号通知报警控制主机，与（　　）系统联动。

A. 报警主机　　B. 视频监控

C. 电话　　D. 传输

本章理论复习题参考答案

一、判断题

1. √　2. √　3. √　4. ×　5. √　6. √　7. ×　8. √　9. √　10. √

二、单项选择题

1. B　2. A　3. A　4. A　5. C　6. B

本章操作技能复习题

一、视频 BNC 接头的制作与测试

试题单

（1）操作条件

1）万用表。

2）视频压线钳。

3）视频连接线及视频电缆。

（2）操作内容

1）制作视频线缆接头（2 个）。

2）测试视频线缆接头。

（3）操作要求

1）所制作的视频线缆接头要求焊点光亮、牢固。

2）正确测试视频线缆接头。

3）按安全操作规程进行操作。

二、摄像机电源连接盒的测试

试题单

（1）操作条件

1）万用表。

2）电源连接盒。

3）测试线缆。

（2）操作内容

1）连接测试线缆。

2）启动电源。

3）读取电源的数值（包括电源输入电压、输出电压）。

（3）操作要求

1）正确连线。

2）正确使用仪表。

3）正确读取数值。

4）按安全操作规程进行操作。

第5章

光电缆单元模块

5.1 电缆基础知识

5.2 对称电缆

5.3 其他电缆

5.4 光纤、光缆和光通信仪表

5.1 电缆基础知识

学习目标

✓ 了解通信线路的组成
✓ 掌握通信电缆的结构和特点
✓ 能够进行25对市话电缆色谱及传输端别确认

知识要求

5.1.1 通信线路

1. 概述

通信线路是保证信息传递的通路。目前，长途干线中的有线线路主要采用大芯数的光缆，另有卫星、微波等无线线路；省际及省内长途以光缆为主，另有微波、卫星等无线线路。为保证较好的通信效果，通信系统不仅要有良好的机械设备，还要有高质量的通信线路。

2. 作用

通信线路是轨道交通通信网的重要组成部分，是保证信息传递的通路，是光、电信号的信道。光缆和电缆都是通信系统的传输线，是传输系统不可缺少的传输媒介。通信线是将电信号从一个地点传送到另一个地点的传输媒介，有线通信中应用广泛的通信线路有对称电缆、同轴电缆、光缆等。

5.1.2 全塑电缆

凡是芯线绝缘层、缆芯包带层、缆芯扎带和护套均采用高分子聚合物塑料制成的电缆称为全塑电缆。

1. 结构

通信电缆的结构一般可分为缆芯和护层两大部分，其中护层又由护套与外护层组成。通信电缆缆芯由绝缘的导电芯线和必要的屏蔽、填充和扎带组成，一般绞合成圆形。通信电缆的结构如图 5—1 所示。

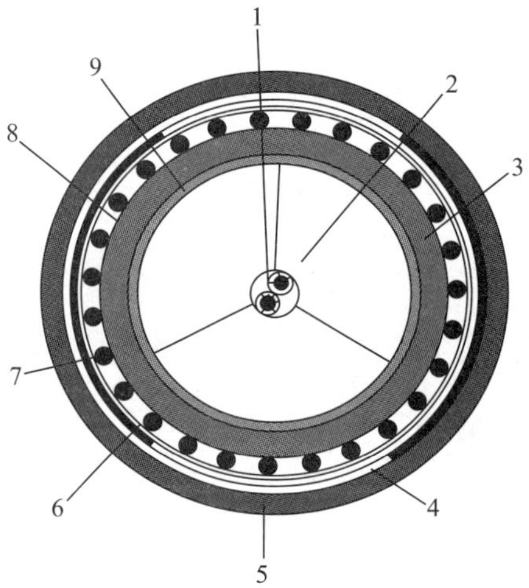

图 5—1 通信电缆的结构

1—单股线对 2—泡沫聚乙烯绝缘导线（星绞 0.9 mm） 3—聚乙烯内护层 4—镀锌钢带铠装层
5—聚乙烯外护层 6—聚氯乙烯绝缘层 7—裸铜线屏蔽（排流）层 8—聚乙烯纸带 9—铝管内护层

全塑电缆的缆芯主要由芯线、芯线绝缘、缆芯绝缘、缆芯扎带及包带层等组成。其中，芯线接续长度应根据电缆封合类型、电缆型号和采用的接线子类型来决定。全塑电缆芯线接续主要采用扣式接线子和模块式接线子。

2. 优点

全塑电缆具有电特性好，传输质量优良，便于机械化、自动化施工，维护方便，故障少，使用寿命长，投资相对低等优点。

3. 绝缘材料及形式

全塑电缆芯线的绝缘材料主要是高密度的聚乙烯、聚丙烯或乙烯－丙烯共聚物等高分子聚合物，即聚烯烃塑料。这类绝缘材料的优点是对各种溶剂具有较好的稳定性，防潮性能好，机械强度高，有较好的弹性和延展性，加工方便。

全塑电缆芯线的绝缘形式分为实心绝缘、泡沫绝缘、泡沫－实心皮绝缘。

4. 其他

（1）色谱。电缆的缆芯色谱可分为普通色谱和全色谱两大类。

1）普通色谱。普通色谱对绞同心式电缆芯线对的色彩有蓝/白对、红/白对（a 线色谱/b 线色谱）两种，每层有一对特殊色彩的芯线，作为该层计算线号的起始标记。目前，普通色谱对绞同心式电缆已经很少使用。

2）全色谱。全色谱是指电缆中的任何一对芯线都可以通过各级单位的扎带色彩及线对色彩来识别。

全色谱对绞单位式缆芯在全塑电缆中使用最多。它以白（W）、红（R）、黑（B）、黄（Y）、紫（V）作为领示色（代表 a 线），以蓝（Bl）、橙（O）、绿（G）、棕（Br）、灰（S）作为循环色（代表 b 线），这 10 种色彩组成 25 对全色谱线对，见表 5—1。

表 5—1　　25 对全色谱线对表

线对编号	1	2	3	4	5	6	7	8	9	10	11	12	13
a 线	白	白	白	白	白	红	红	红	红	红	黑	黑	黑
b 线	蓝	橙	绿	棕	灰	蓝	橙	绿	棕	灰	蓝	橙	绿
线对编号	14	15	16	17	18	19	20	21	22	23	24	25	
a 线	黑	黑	黄	黄	黄	黄	黄	紫	紫	紫	紫	紫	
b 线	棕	灰	蓝	橙	绿	棕	灰	蓝	橙	绿	棕	灰	

（2）端别。普通色谱对绞式电缆一般不规定 A、B 端，为了保证电缆布放、接续等过程的施工质量，全色谱全塑电缆规定了 A、B 端。

全色谱对绞单位式全塑电缆 A、B 端的区分方法为：面向电缆端面，按单位序号从小到大顺时针方向依次排列，则该端为 A 端，另一端为 B 端。

全塑电缆 A 端（又称内端）采用红色标记，伸出电缆盘外，常用红色端帽封合或用红色胶带包扎，规定 A 端面向局方；全塑电缆 B 端（又称外端）采用绿色标记，紧固在电缆盘内，绞缆方向为逆时针，常用绿色端帽封合或用绿色胶带包扎，规定外端面向用户。

（3）分类。芯线扭绞成对（或组）后，再将若干对（或组）按一定规律绞合成缆芯（即绞缆）。常采用对绞式缆芯和星绞式缆芯。对绞式全塑电缆的缆芯结构有同心式、单位式、束绞式和 SZ 绞式四种。

（4）规格程式和型号。全塑电缆的规格程式可分为基本单位、子单位、50 对超单位、100 对超单位。电缆型号是识别电缆规格程式和用途的代号，按照用途、芯线结构、导线材料、绝缘材料、护层材料、外护层材料等分别用不同的汉语拼音字母和数字来表示。全塑电缆型号由类别代号、导体代号、绝缘代号、内护套代号、特征代号及规格等构成，各项代号的含义见表 5—2。

表 5—2　　全塑电缆代号含义

类别	导体	绝缘	内护套	特征
无：电力电缆 K：控制电缆 P：信号电缆 YT：电梯电缆 U：矿用电缆 Y：移动式软缆 H：市内电话缆 UZ：电钻电缆 DC：电气化车辆用电缆	T：铜线（可省略） L：铝线	Z：油浸纸 X：天然橡胶 VV：聚氯乙烯 YJ：交联聚乙烯 E：乙丙胶	Q：铅套 L：铝套 H：橡套 HF：氯丁胶 V：聚氯乙烯护套 Y：聚乙烯护套 VF：复合物 HD：耐寒橡胶	D：不滴油 F：分相 CY：充油 P：屏蔽 C：滤尘用或重型 G：高压

5.1.3　电气参数

1. 传输速率

传输速率是指数据从一点向另外一点传输的速率，如从网络节点向打印服务器传输打印数据的速率等。传输速率是衡量系统传输能力的主要指标，它有以下三种不同的定义。

（1）比特传输速率。每秒钟通过信道传输的信息量称为比特传输速率，简称比特率，单位是 bit/s。

（2）码元传输速率。携带数据信息的信号单元称为码元，每秒钟通过信道传输的码元数称为码元传输速率，简称波特率，单位是 Bd。码元传输速率又称调制速率。

（3）消息传输速率。每秒钟从信息源发出的数据比特数（或字节数）称为消息传输速率，简称消息率，单位是 bit/s。

应该注意 bit/s 与 Bd 的区别。bit 是二进制数字 binary digit 的缩写，仅在二进制情况下，1 bit/s = 1 Bd，即数据传输速率与调制速率在数值上是相等的。

2. 直流电阻

信号有直流通路与交流通路。直流电阻是指直流信号起作用时的等效电阻，特指直流信号时。

3. 一次参数

全塑电缆的一次参数包括回路的有效电阻 R、电感 L、电容 C 和绝缘电导 G。

（1）有效电阻。全塑电缆回路的有效电阻包括直流电阻 R_0 和高频电流通过回路时所引起的交流附加电阻 $R^{\sim}$，即有效电阻 $R = R_0 + R^{\sim}$。

（2）电感。全塑电缆回路的电感取决于导线的相对位置、材料和形状等。对称线和同轴线传输电信号时所产生的磁力线要穿过两导体所构成的回路，因而对称线和同轴线本身具有一定的电感。磁力线穿过导体之间的空间部分产生的电感称为外电感，磁力线穿过导体内部产生的电感称为内电感。因此，总电感由外电感和内电感组成。

外电感的大小取决于导线的线径和两导体之间的距离，与频率无关。当线径减小、距离增大时，穿过磁力线的面积增大（磁通量增大），外电感值也相应增大。

内电感的大小取决于导体线芯和导体本身磁导率，而且与使用频率有关。这是因为，频率升高时，集肤效应增强，导体内的磁通量减小，内电感值也就减小。

（3）电容。对称线和同轴线的电容在物理概念上与普通电容器是一样的，电缆回路两根导线相当于电容器的两个极板。

电容的大小取决于芯线的结构尺寸和绝缘材料的介电常数。当绝缘材料一定时，线径越大（相当于两个极板面积越大），电容值越大；线距越小（相当于极板之间的距离越小），电容值也越大。

（4）绝缘电导。全塑电缆回路的绝缘电导 G 包括直流电导 G_0 和交流电导 $G^{\sim}$，即 $G = G_0 + G^{\sim}$。直流电导 G 是指芯线绝缘电阻 R 的倒数，通常又称直流漏电导。直流电导是由于绝缘材料不完善，存在漏电流而引起的。交流电导 $G^{\sim}$ 是指介质材料在交变电场作用下，被极化介质的极性来回交变引起能量损耗。$G^{\sim}$ 的大小与使用频率成正比，并与所用绝缘材料的质量有关。

在绝缘性能良好的介质里，G_0 所占的份额非常小，特别是在高频时，绝缘电导 G 主要由 $G^{\sim}$ 决定。

通过以上内容可以看出，对称电缆的一次参数是随频率、芯线距离及导线直径而变化的。

4. 二次参数

全塑电缆的二次参数由一次参数确定，它们是一次参数的函数，具体有特性阻抗 Z 和传播常数 γ。

（1）特性阻抗。特性阻抗又称特征阻抗，它不是直流电阻，而属于长线传输的一个概念。当高频范围内的信号进行传输时，信号线与参考平面（电源或地平面）之间由于电场的建立会产生一个瞬间电流，如果传输线是各向同性的，那么只要信号在传输，就始终存在一个电流 I。假设信号的输出电平为 U，在信号传输过程中，传输线就会等效成一个电阻，其大小为 U/I，这个等效电阻称为传输线的特性阻抗 Z。信号传输时，如果传输路径的特性阻抗发生变化，信号就会在阻抗不连续的结点产生反射。影响特性阻抗的因素有介电常数、介质厚度、线宽、铜箔厚度等。

（2）传播常数。电磁能沿着无反射的均匀回路传播 1 km 时，其电压或电流振幅的衰减和相位的变化称为该回路的传播常数。传播常数是表示电磁波沿通信线路传输时能量损耗和相位改变的一个参数，其计算公式如下：

$$\gamma = \sqrt{ZY} = \alpha + \mathrm{j}\beta$$

式中 Z——串联阻抗，Ω；

Y——并联导纳，S；

α——线路固有衰耗常数；

β——线路固有相移常数。

传输线的传输常数一般为一复数，表示行波每经过单位长度振幅和相位的变化。对称电缆线路的衰耗常数 α 是一个十分重要的参数，它用来衡量电信号在线路传输时的能量损耗情况。线路衰耗小，说明能量在传输过程中损耗少，那么通话距离就长。对长途通信电缆来说，线路损耗小还意味着中继距离长，这样可减少线路的增音设备。如果衰减过大，以致传输的能量全部损耗在线路上，线路就丧失了通信能力。

技能要求

25 对市话电缆色谱及传输端别确认

操作准备

实训设备及工具见表 5—3。

表5—3　　实训设备及工具

序号	名称	规格	数量
1	25对市话电缆	HYA－25×2×0.5	20 m
2	棉纱		若干
3	工具		1套

操作要求

1. 剥除外护套操作时不得伤及芯线绝缘层。
2. 正确确认色谱。
3. 正确辨识A、B端。
4. 作业结束，整理工器具清场。
5. 所有作业必须严格按照实训安全规范操作。

操作步骤

步骤1：剥开电缆。

（1）擦净电缆外护套上的污泥（长500 mm），如图5—2所示。

图5—2　擦净电缆外护套上的污泥

（2）在距电缆端头200 mm处用电工刀环切外护套一周，如图5—3所示。

（3）剥除外护套（见图5—4）时不得伤及芯线绝缘层。

步骤2：色谱确认。

步骤3：传输端确认。30对以下电缆排列如图5—5所示，面向电缆端面，按单位序号由小到大顺时针方向依次排列，则该端为A端，另一端为B端。

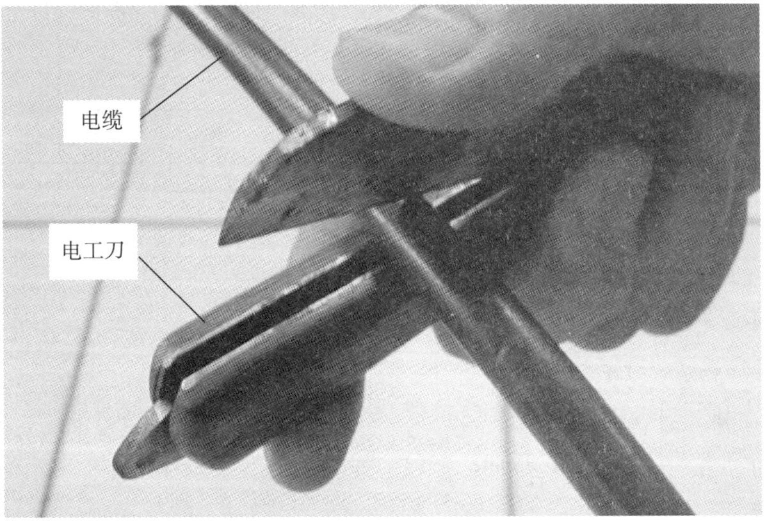

图 5—3　用电工刀环切外护套

图 5—4　剥除外护套

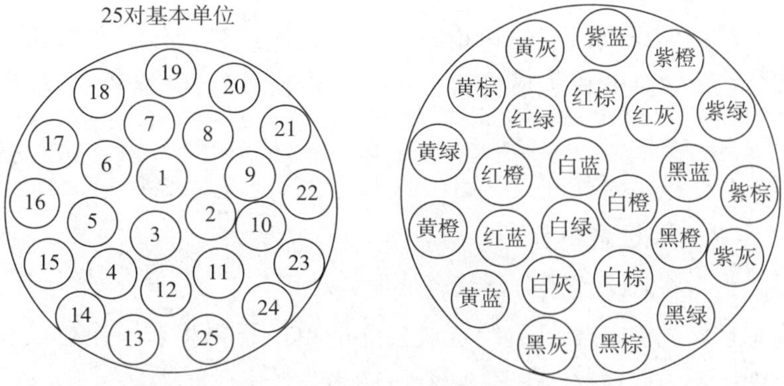

图5—5　30对以下电缆排列示意图

步骤4：操作完成，整理工器具清场。

5.2　对称电缆

学习目标

✓ 了解对称电缆的概念

✓ 掌握对称电缆的基本结构

知识要求

5.2.1　概述

1. 定义

对称电缆是指两根线质、线径及对地绝缘电阻相同而又相互绝缘的导线组成一对传输回路，由多对这样的导线绞合而成的通信电缆。对称电缆是由多对芯线（双导线）在一根保护套内制作而成的。对称电缆的芯线比架空明线细，直径为0.4 ~ 1.4 mm，故其损耗较架空明线大，但是性能较稳定。对称电缆在有线电话网中广泛用于用户接入电路。

2. 芯线线径

对称电缆的芯线一般采用铜线，线径为0.25 ~ 1.4 mm。市内用的对称电缆线径一般为0.4 ~ 0.9 mm，而长途用的对称电缆线径一般为1.2 mm。

3. 星绞与复对绞

两根或四根绝缘导线以适当的扭矩绞合成 2 线组或 4 线组。从横截面上看，当四根导线的位置呈正方形时，称为星绞 4 线组，其中位于对角线上的两根导线组成一个回路。

先绞成两个 2 线组，再相互绞合而成的 4 线组称为复对绞 4 线组。

4. 层绞式缆芯与单位式缆芯

层绞式缆芯是指将若干线组分层绞合成缆芯。

单位式缆芯是指先将若干线组绞合成独立的单位，再将若干单位绞合成缆芯。在线组的外面，常通过不同色彩的扎带来区分不同的线组。

5.2.2 对称电缆的特性

1. 绝缘性

用于对称电缆的绝缘材料分为以下三类。

（1）纸。纸在对称电缆中有纸袋、纸浆和绳带三种绝缘形式。绳带绝缘是指在导线上以螺旋状绕绳，再包上 1 ~ 2 层纸带。

（2）聚氯乙烯。聚氯乙烯的介电常数与介电损耗较大，仅限于在短距离的对称电缆上使用。但这种材料的电缆具有阻燃的特性，可用于室内布线。

（3）聚烯烃和聚苯乙烯。这两种材料的高频性能很好，常用在传输兆赫级或三次群以下信号的电缆内。聚烯烃多制成实心、泡沫或泡沫皮，而聚苯乙烯常制成绳带。

2. 安全性

为了保证对称电缆的安全，在缆芯的外面会缠绕包带，有时还加上屏蔽层，再加上护套。纸绝缘和聚苯乙烯绳带绝缘的电缆要求使用密封护套。早期使用铅密封护套，后来也采用铝密封护套，有时也采用铝 - 聚乙烯黏结护套（半密封）。对于室内电缆，一般采用聚氯乙烯或低卤（或无卤）材料作为护套材料。在护套的外面，根据不同的使用环境，还需要加上不同的外护层以确保通信电缆的安全。

3. 抗干扰性

虽然研究人员在设计和制造对称电缆时已经采取了一些措施以减少导线回路之间的干扰，但是仍然存在一定程度的相互干扰。为了减少回路间近端串音对不同方向传输线路的影响，可采用双缆制，即不同电缆内的两个回路以相同的频率做双向传输；或单缆制，即只用一个回路以不同的频率做双向传输和内屏蔽。有时在一根电缆内用专设的屏蔽把缆芯分隔成两部分，以代替两条电缆，这种电缆称为内屏蔽电缆。

5.3 其他电缆

学习目标

✓ 了解常用双绞电缆、同轴电缆的基本结构

知识要求

5.3.1 常用双绞电缆

双绞线是综合布线工程中最常用的一种传输介质，是由两根具有绝对保护层的铜导线组成的。把两根绝缘的铜导线按照一定密度互相绞在一起，每根导线在传输过程中辐射出来的电波会被另一根线发出的电波抵消，可有效降低信号干扰程度。如果把一对或多对双绞线放在一个绝缘套管中便形成双绞线电缆。

1. 五类双绞电缆

五类双绞电缆一般称为 CAT5 线，设计为可提供高传输速率、低信噪比的信号传输线。这种传输线一般用作计算机网络的内部配线，如计算机连接以太网，计算机连接计算机，集线器连接路由器等。此外，还可以用于话音通信、令牌环、异步传输模式的传输。

2. 超五类双绞电缆

超五类双绞电缆采用 4 个绕对和 1 条抗拉线，线对的色彩与五类双绞电缆完全相同，分别为白橙、橙、白绿、绿、白蓝、蓝、白棕和棕。裸铜线径为 0.51 mm（线规为 24 AWG，AWG 是指美国线规），绝缘线径为 0.92 mm。其中，超五类非屏蔽双绞电缆是在对现有五类屏蔽双绞电缆的部分性能加以改善后出现的电缆，一些性能参数如近端串扰、衰减串扰比、回波损耗等都有所提高，但其传输带宽仍为 100 MHz。

相比普通五类双绞电缆，超五类的工艺、用料更好一些，其性能参数如传输距离、传输速率等都比普通五类稍好。明显的区别是标有“CAT5”字样为五类双绞电缆，标有“CAT5E”字样为超五类双绞电缆。

3. 非屏蔽双绞电缆

非屏蔽双绞电缆无屏蔽外套，直径小，可将串扰减至最小加以消除。其缺点是除组成双绞线对的两条绝缘铜导线要按照要求进行扭绞外，线对之间也要按照逆时针方

向进行扭绞，否则将会引起电缆阻抗的不匹配，限制传输距离。

4. 五类、超五类、六类屏蔽双绞电缆

五类、超五类、六类屏蔽双绞电缆采用特殊工艺生产，具有抗高电磁干扰作用，适用于高端数据安全传输，如军事基地、机场、医院、电信及抄表计量工程等。

5.3.2 同轴电缆

1. 构成

同轴电缆（见图 5—6）由一个金属圆管（外导体）和一根与之同轴的导线（内导体）所构成。同轴电缆的内导体是一根半硬铜线，外导体用软铜带或铝带纵包而成。内导体和外导体之间用聚乙烯垫片或鱼泡状、竹节状、绳管状的塑料支撑物隔开，使两导体相互绝缘。同轴电缆外表面绕包镀锡钢带，以提高同轴电缆的电磁屏蔽作用。

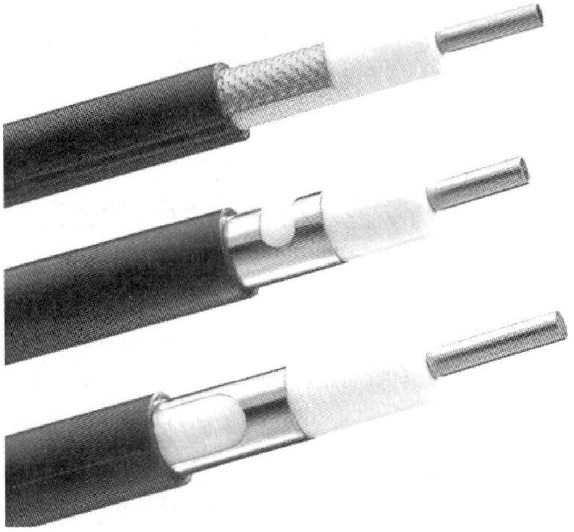

图 5—6　同轴电缆

同轴电缆用于低频段信号传输时，串音和外界电磁干扰都比对称电缆严重，但在传输频率升高时，外导体的屏蔽作用加强，抗外界干扰特性随之增强，串音也随之减少，因此，同轴电缆适用于高频率和宽频带传输。

2. 磁场特性

横向电磁波通过同轴电缆从发射端传至电缆的另一端。当外导体完全封闭时，所传输的信号与外界是完全屏蔽的，电缆外没有电磁场。同样，外界的电磁场也不会对同轴电缆内的信号造成影响。

泄漏电缆通过同轴电缆外导体上所开的槽孔，使电缆内传输的一部分电磁能量发送至外界环境。同样，外界能量也能传入电缆内部。外导体上的槽孔使电缆内部电磁场和外界电波之间产生耦合，具体的耦合机制取决于槽孔的排列形式。

泄漏电缆的一个典型例子是编织外导体同轴电缆。绝大部分能量以内部波的形式在电缆中传输，但在外导体覆盖不好的位置点就会产生表面波，沿着电缆正向或逆向向外传播，且相互影响。

电缆敷设方式和敷设环境对电缆辐射效果也有影响。大部分隧道内还有各种各样的金属导体，如沿两侧墙面安装的电力电缆、铁轨、水管等，这些导体将彻底改变电磁场的特性。

5.4 光纤、光缆和光通信仪表

学习目标

✓ 了解光纤和光缆的结构

✓ 掌握光通信仪表的使用

知识要求

5.4.1 光纤

光纤由纤芯和包层组成。经过涂覆套塑后的光纤称为光纤芯线。

1. 结构

光纤是光导纤维的简称，是一种利用光在玻璃或塑料制成的纤维中发生全反射的光传导工具，其典型结构是多层同轴圆柱体，如图 5—7 所示，自内向外分别为纤芯、包层、涂覆层、二次涂覆层、保护层等。

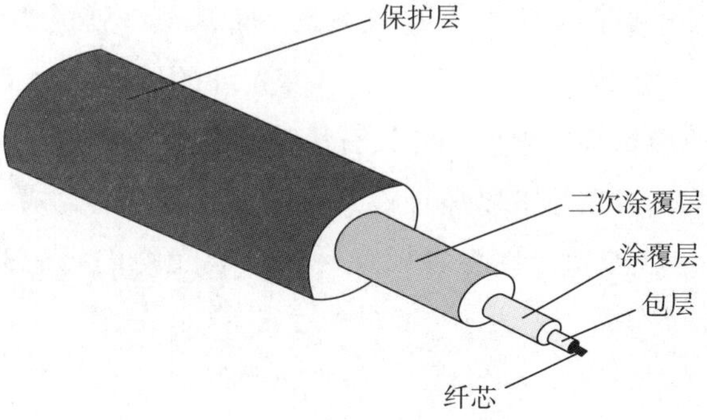

图 5—7　光纤典型结构图

遇到两种介质交界面时，光波将产生反射和折射，通信光纤的纤芯材料通常是折射率为 n_1 的高纯 SiO_2，并有少量掺杂剂，以提高折射率，光能量主要在纤芯内传输。包层材料的折射率为 n_2（小于 n_1），它通常也由高纯 SiO_2 制成，并掺杂其他一些杂质以降低折射率，它为光的传输提供反射面和光隔离，并起一定的机械保护作用。纤芯和包层合起来构成裸光纤，光纤的光学及传输特性主要由它决定。在包层外面是 5 ~ 40 μm 涂覆层，材料是环氧树脂或硅橡胶，其作用是增强光纤的机械强度。在外面还常有缓冲层及套塑层（合称保护层）。

纤芯及包层材料由玻璃或塑料制造时，其损耗比由 SiO_2 制造的光纤大，但在短距离的光纤传输系统中仍有一定应用。

2. 分类

光纤按材料成分、工作波长、传输模式、折射率分布、制造方法等可分为很多种类。下面主要介绍光纤按材料成分、工作波长、传输模式的分类方法。

（1）按材料成分来分。按材料成分来分，光纤可分为石英系光纤、石英芯塑料包层光纤、多成分玻璃光纤、塑料光纤。

（2）按工作波长来分。按工作波长来分，光纤可分为短波长光纤、长波长光纤和超长波长光纤。

1）短波长光纤。短波长光纤的工作波长在 0. 8 ~ 0. 9 μm 之间，典型值为 0. 85 μm。

2）长波长光纤。长波长光纤的工作波长在 1. 0 ~ 1. 6 μm 之间，通常采用 1. 31 μm 和 1. 55 μm 这两种波长。应用长波长光纤的通信系统传输距离较长，中继距离可达 100 km。

3）超长波长光纤。超长波长光纤采用非石英系光纤。它可实现 1 000 km 无中继传输。

（3）按传输模式来分。按传输模式来分，光纤可分为单模光纤和多模光纤。

1）单模光纤。当芯线直径小到光波波长大小时，光纤就成为波导，光在其中无反射地沿直线传输，这种光纤称为单模光纤。单模光纤的纤芯直径大多为 4 ~ 10 μm，用于大容量、长距离的通信系统。单模光纤具有传输衰减低、带宽大、易升级扩容的优点。

2）多模光纤。光波在光纤中以多种模式传输，不同的传输模式有不同的电磁场分布和不同的传输路径，这种光纤称为多模光纤。多模光纤的纤芯直径大多为 50 μm 或 62. 5 μm。

3. 传输特性

光纤传输特性包括损耗特性和色散特性。

（1）损耗特性。光波在光纤中传输，随着距离的增加光功率逐渐下降，这就是光纤的传输损耗，用衰减系数，即每千米光纤的损耗（dB 数）来表示，单位为 dB/km。损耗特性的存在使信号幅度减小，从而限制系统的传输距离。

光纤损耗谱特性图如图 5—8 所示，图中显示出光纤通信系统的三个低损耗窗口：第一低损耗窗口短波长约为 0. 85 μm；第二低损耗窗口短波长约为 1. 31 μm；第三低损耗窗口短波长约为 1. 55 μm。

实验得到的损耗值为：对于单模光纤，在 0. 85 μm 时约为 2. 5 dB/km；在 1. 31 μm 时约为 0. 4 dB/km；在 1. 55 μm 时仅为 0. 2 dB/km，已接近理论极限值（理论极限值为 0. 15 dB/km）。

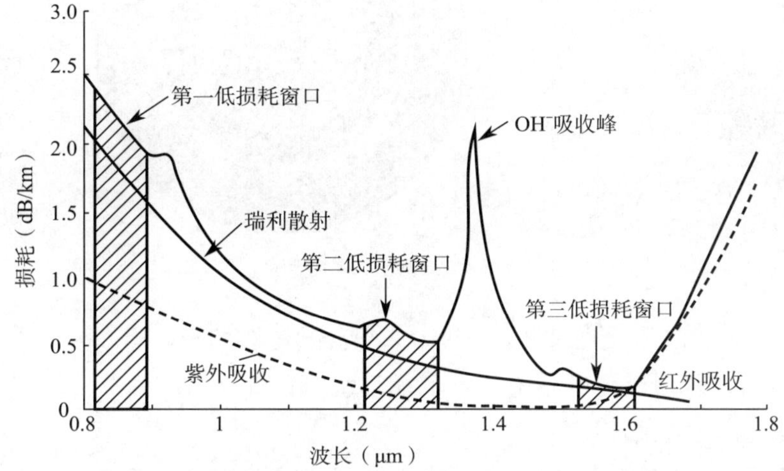

图 5—8　光纤损耗谱特性图

（2）色散特性。色散是来自光学的一个术语，是指介质材料的参数随光波波长（频率）而变化的现象。入射光以不同的角度进入光纤，在纤芯和包层分界面上产生全反射，形成不同的反射方向，一个方向可以代表一种模式。在传播过程中，较高阶的模式反射的次数多，传播的距离长，到达终点的时间晚；反之，较低阶的模式到达终点的时间早，这样就产生了时延差，出射光脉冲就展宽了，这就是色散现象。光纤色散会使输入脉冲在传输过程中展宽，产生码间干扰，增加误码率，这就限制了通信容量。色散特性用色散系数来表示，单位为 ps/（km · nm），即光源的单位谱宽在单位长度上的时延差。光纤色散可分为材料色散、波导色散、模式色散。

5. 4. 2　光缆

光缆是指一定数量的光纤按照一定方式组成缆芯，外包护套，有的还包有外护层，用以实现光信号传输的通信线路。

1. 结构

（1）基本结构。根据用途和使用环境不同，光缆分为很多种类，但不论哪一种光缆，都是由缆芯、加强元件和光缆护层所组成。某种光缆结构示意图如图 5—9 所示。

图中 PBT 是指聚对苯二甲酸丁二醇酯，PE 是指聚乙烯，HDPE 是指高密度聚乙烯。

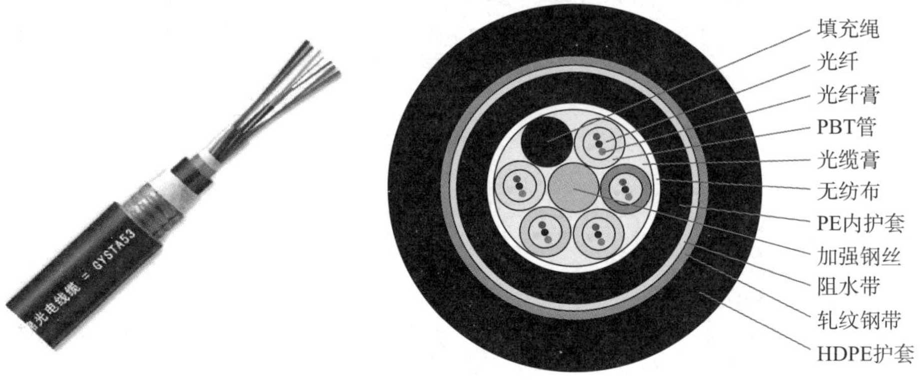

图 5—9　某种光缆结构示意图

1）缆芯。缆芯由光纤芯线组成，可分为单芯和多芯两种。单芯型由单根经二次涂覆处理后的光纤芯线组成；多芯型由多根经二次涂覆处理后的光纤芯线组成，它又可分为带状结构和单位式结构。

2）加强元件。光纤材料比较脆，易断裂，为使光缆便于承受敷设安装时所施加的外力，要在光缆中加一根或多根加强元件，位于中心或分散在四周，来增加光缆的强度。加强元件的材料可用钢丝或非金属纤维 FRP（增强塑料）等。

3）护层。护层主要是对已经成缆的光纤芯线起保护作用，避免由于外部机械力和环境影响造成光纤损坏，因此要求护层具有耐压力、防潮、温度特性好、质量轻、耐化学品侵蚀、阻燃等特点。

光缆的护层可分为内护层和外护层。内护层一般采用聚乙烯或聚氯乙烯等材料制成；外护层可根据敷设条件而定，可采用由铝带和聚乙烯组成的双面涂塑铝带黏结层外护套加钢线铠装等。

（2）代表性结构。公用通信网中常用的光缆见表 5—4。其中，代表性的光缆结构有层绞式、单位式、骨架式和带状式，下面仅介绍代表性的光缆结构。

表 5—4　　公用通信网中常用的光缆

名称	结构	光纤芯线数	特点
长途光缆	层绞式	<10	低损耗、宽频带和可用单盘盘长的光缆来敷设
	单位式	10～200	
	骨架式	<10	骨架式有利于防护侧压力

续表

名称	结构	光纤芯线数	特点
海底光缆	层绞式	4～100	低损耗、耐水压、耐张力
	单位式		
用户光缆	单位式	<200	高密度、多芯和低、中损耗
	带状式	≥200	
局内光缆	软线式	2～20	质量轻、线径细、可绕性好
	带状式		
	单位式		

1）层绞式光缆。它是将若干根光纤芯线以加强元件为中心绞合在一起的一种结构。这种光缆的制造方法与电缆相似，因此可采用电缆的成缆设备，成本较低。其光纤芯线数一般不超过 10 根。

2）单位式光缆。它是将几根至十几根光纤芯线集合成一个单位，再由数个单位以加强元件为中心绞合成缆。这种光缆的光纤芯线数一般少于 200 根。

3）骨架式光缆。它是把单根或多根紧套光纤或一次涂覆光纤放入加强芯周围的螺旋形塑料骨架凹槽内形成的。骨架的中心是加强元件，骨架的沟槽可以是 V 形、U 形或凹形。

由于光纤在骨架沟槽内具有较大空间，因此，当光纤受到张力时，可在槽内进行一定的位移，减少了光纤芯线的应力应变。这种光缆具有耐侧压、抗弯曲、抗拉的特点。

4）带状式光缆。它是将 4～12 根光纤芯线排列成行构成带状光纤单元，再将这个带状单元按一定方式排列成缆。这种光缆结构紧凑，采用此种结构可做成上千芯的高密度用户光缆。

2. 型号

光缆型号由五部分组成，包括类别、加强元件、派生（结构特性）、护套、外护层。光缆型号就是通过光缆各部分代号来表示的，以方便人们认识和使用光缆。部分光缆代号含义见表 5—5。

表 5—5　　部分光缆代号含义

类别代号	加强元件代号	结构特性代号
GY：通信用室外光缆 GM：通信用移动式光缆 GJ：通信用室内光缆 GS：通信用设备内光缆 GH：通信用海底光缆 GT：通信用特殊光缆 GR：通信用软光缆	无：金属加强元件 F：非金属加强元件 G：金属重型加强元件 H：非金属重型加强元件	无：层绞式结构 S：光纤松套被覆结构 J：光纤紧套被覆结构 D：光纤带结构 G：骨架槽结构 X：中心管式结构 T：填充式结构 B：扁平结构 Z：阻燃结构 C：自承式结构 E：护层椭圆截面

3. 光缆敷设

光缆有架空、直埋、管道、水底等敷设方式。在机房、大楼等室内，光缆一般安装在走线槽、走线架或上线柜和电缆竖井中，少数情况也采用明管或暗管敷设。隧道内的通信主干光缆宜采用阻燃、低毒、防腐蚀的防护层。城市轨道交通光缆不设屏蔽地线，光缆引入室内应做绝缘接头。室内光缆敷设由于环境复杂，必须进行人工敷设，要求安装细致、美观。

（1）架空光缆。架空光缆是指挂设在电杆上使用的光缆。这种敷设方式可以利用原有的架空明线杆路，节省建设费用，缩短建设周期。架空光缆挂设在电杆上，要求能适应各种自然环境。架空光缆容易受到台风、冰凌、洪水等自然灾害的影响，也容易受到外力影响和本身机械强度减弱等影响，因此，架空光缆的故障率高于直埋光缆和管道光缆。架空光缆一般用于长途二级或二级以下的线路，适用于专用网光缆线路或某些局部特殊地段。

架空光缆的敷设方法有两种。一是吊线式，是指先用吊线紧固在电杆上，然后用挂钩将光缆悬挂在吊线上，光缆的负荷由吊线承载。二是自承式，是指采用一种自承式结构的光缆，这种光缆呈 8 字形，上部为自承线，光缆的负荷由自承线承载。

（2）直埋光缆。这种光缆外部有钢带或钢丝的铠装，直接埋设在地下，要求有抵抗外界机械损伤的性能和防止土壤腐蚀的性能。要根据不同的使用环境和条件选用不同的护层结构，如在有虫鼠害地区，要选用有防虫鼠咬啮护层的光缆。

根据土质和环境的不同，光缆埋入地下的深度一般在 0.8 ~ 1.2 m 之间。在敷设时，还必须注意保持光纤应变在允许限度内。

（3）管道光缆。管道敷设一般是在城市地区，敷设环境比较好，因此对光缆护层没有特殊要求，无须铠装。管道敷设前必须明确敷设段的长度和接续点的位置。敷设时可以采用机械旁引或人工牵引，一次牵引的牵引力不要超过光缆的允许张力。制作管道的材料可根据敷设环境不同选用混凝土、石棉水泥、钢管、塑料管等。

（4）水底光缆。水底光缆是敷设于水底，穿越河流、湖泊和滩岸等处的光缆。这种光缆的敷设环境条件比管道光缆、直埋光缆差得多。水底光缆必须采用钢丝或钢带铠装的结构，护层的结构要根据河流等水文地质情况综合考虑。例如，在石质土壤、冲刷性强的季节性河床，光缆受到的磨损、拉力等较大，不仅需要粗钢丝做铠装，甚至要用双层铠装。施工方法也要根据河宽、水深、流速、河床土质等情况进行选定。

水底光缆的敷设环境条件比直埋光缆差得多，修复作业也困难得多，所以，对水底光缆的可靠性要求也比直埋光缆高。

海底光缆也是水底电缆，其敷设环境条件比一般水底光缆更差，要求也更高。海底光缆系统及其元器件的使用寿命一般要求在25年以上。

5.4.3 光通信仪表

常用的光通信仪表有光功率计、光时域反射仪、光纤融接机。

1. 光功率计

光功率计是指用于测量绝对光功率或通过一段光纤的光功率相对损耗的仪器。在光纤系统中，光功率是最基本的测量参数，光功率计是重负荷常用表。通过测量发射端机或光网络的绝对功率，一台光功率计就能够评价光端设备的性能。通过光功率计与稳定光源的组合，能够测量连接损耗、检验连续性，并评估光纤链路传输质量。

光功率的单位是dBm，在光纤收发器或交换机的说明书中有它的发送和接收光功率，通常发送光功率小于0 dBm。接收端能够接收的最小光功率称为灵敏度，能接收的最大光功率减去灵敏度的值称为动态范围，单位是dB。发送光功率减去灵敏度的值就是允许的光纤衰耗值。测试时，实际的发送光功率减去实际接收到的光功率就是光纤衰耗值（单位是dB）。接收端接收到的光功率最佳值=能接收的最大光功率-（动态范围/2），但一般达不到最佳值。由于每种光收发器和光模块的动态范围不同，因此，具体能够允许的光纤衰耗值要看实际情形，一般来说，允许的光纤衰耗值为15～30 dB。

2. 光时域反射仪

光时域反射仪的英文缩写是OTDR，是一种通过对测量曲线的分析，了解光纤的均匀性、缺陷、断裂、接头耦合等性能的仪器。它根据光的后向散射与菲涅尔反向原理制作，利用光在光纤中传播时产生的后向散射光来获取衰减的信息，可用于测量光纤衰减、接头损耗、光纤故障点定位及了解光纤沿长度的损耗分布情况等，是光缆施工、维护及监测必不可少的工具。

OTDR 通过发送光脉冲进入输入光纤，由于受到散射粒子的影响，或遇到光纤断裂面产生菲涅尔反射，利用光束分离器将其中的瑞利背向散射光和菲涅尔反射光送入接收器，再变成电信号显示在示波器上。探测故障时，利用 OTDR 中的定时装置可以测出从脉冲发出到脉冲返回的时间，已知光纤纤芯的折射率和真空中的光速，则可以测量断点与测量点的距离。

3. 光纤融接机

光纤融接机主要用于光通信中光缆的施工和维护。其工作原理是利用高压电弧将两光纤断面熔化，同时通过高精度运动机构平缓推进使两根光纤融合成一根，以实现光纤模场的耦合。

本章理论复习题

一、判断题（将判断结果填入括号中。正确的填“√”，错误的填“×”）

1. 光缆和电缆都是通信系统的传输线，是传输系统不可缺少的传输媒介。（　　）
2. 通信线路是将无线信号从一个地点传送到另一个地点的传输媒介。（　　）
3. 通信电缆的结构一般可分为缆芯和护层两大部分，其中护层又由护套与外护层组成。（　　）
4. 全塑电缆绝缘层采用高分子聚合物制成。（　　）
5. 全塑电缆具有电特性差，容易串音、通话质量差，不便于机械化、自动化施工等缺点。（　　）
6. 全色谱对绞单位式缆芯在全塑电缆中使用最多。它以白、红、黑、黄、紫作为领示色，以蓝、橙、绿、棕、灰作为循环色。（　　）
7. 普通色谱对绞式电缆一般不规定 A、B 端。（　　）
8. 全塑市内通信电缆仅有芯线绝缘是采用聚烯烃塑料制成的。（　　）
9. 电缆型号是识别电缆规格程式和用途的代号。（　　）
10. 全塑电缆的一次参数包括回路的有效电阻 R、电感 L、电容 C 和绝缘电导 G。（　　）

二、单项选择题（选择一个正确的答案，将相应的字母填入题内的括号中）

1.（　　）和电缆都是通信系统的传输线，是传输系统不可缺少的传输媒介。

A. 架空明线　　B. 微波　　C. 光缆　　D. 电线

2. 通信电缆缆芯由绝缘的（　　）和必要的屏蔽、填充和扎带组成，一般绞合成圆形。

A. 物质　　B. 导电芯线

C. 电线　　D. 不导电线缆

3. 全塑电缆按芯线绝缘结构可分为实心绝缘、（　　）、泡沫－实心皮绝缘。

A. 泡沫皮绝缘　　B. 实心皮绝缘

C. 皮绝缘　　D. 泡沫绝缘

4. 电缆型号由类别代号、（　　）代号、绝缘代号、内护套代号、特征代号及规格等构成。

A. 类别　　B. 导体　　C. 用途　　D. 屏蔽

5. 全塑电缆回路的电感取决于导线的相对位置、（　　）和形状等。

A. 色彩　　B. 材料　　C. 线径　　D. 间距

本章理论复习题参考答案

一、判断题

1. √　2. ×　3. √　4. √　5. ×　6. √　7. √　8. ×　9. √　10. √

二、单项选择题

1. C　2. B　3. D　4. B　5. B

本章操作技能复习题

一、电缆芯线绝缘测试

试题单

（1）操作条件

1）10对塑料市话电缆。

2）斜口钳、电工刀、电缆跳线。

3）兆欧表。

（2）操作内容

1）规范使用兆欧表。

2）对电缆进行绝缘测试（测 5 对芯线的绝缘电阻）。

（3）操作要求

1）兆欧表操作规范，测量方法正确。

2）测试连接方法正确，测试结果正确。

3）正确执行安全作业标准。

二、在 MDF 机架上连接跳线

试题单

（1）操作条件

1）MDF 机架。

2）塑料跳线。

3）卡接刀、斜口钳。

（2）操作内容

1）查看台账（在 MDF 机架上指定左、右模块位置）。

2）左、右模块间跳接。

（3）操作要求

1）正确查看分线盒台账。

2）左、右模块间跳接标准、规范。

第6章

传输单元模块

6.1 传输基础知识

6.2 数字终端技术

6.3 传输单元设备知识

6.1 传输基础知识

学习目标

✓ 了解模拟信号和数字信号的概念

✓ 掌握数字通信的性能指标

知识要求

6.1.1 模拟信号与数字信号

模拟信号的幅度值随时间连续变化，而数字信号的幅度值随时间离散变化。

1. 模拟信号的概念

模拟信号波形可模拟信息的变化。模拟信号的特点是幅度连续（连续的含义是指在某一取值范围内可以取无限多个数值）。电话、传真、电视信号都是模拟信号。

当模拟信号采用连续变化的电磁波来表示时，电磁波本身既是信号载体，又是传输介质；而当模拟信号采用连续变化的电压信号来表示时，一般通过传统的模拟信号传输线路（如电话网、有线电视网）来传输。

2. 数字信号的概念

数字信号是指在时间上和数值上都离散的信号，一方面，它们的变化在时间上是不连续的，总是发生在离散的瞬间；另一方面，它们的数值大小和增减变化也都采取数字的形式。通常用二进制数列来表示数字信号的数值，也就是 0 和 1 的状态。工作在数字信号下的电子电路统称为数字电子电路。

数字数据则采用数字信号，如用一系列断续变化的电压脉冲（用恒定的正电压表示二进制数 1，用恒定的负电压表示二进制数 0），或光脉冲来表示。

当数字信号采用断续变化的电压或光脉冲来表示时，一般需要用电缆或光缆将通信双方连接起来，这样信号才能从一个节点传到另一个节点。

3. 衰减的概念

信号在传输介质中传播时，一部分能量会转化为热能或者被传输介质吸收，从而造成信号强度不断减弱，这种现象称为衰减。传输衰减是指网络的输入端功率与输出端功率之差。例如，假设发送端输出为 0 dBm，接收端输入为 –20 dBm，则该系统的传输衰减就是 20 dB。

6.1.2 模拟通信与数字通信

在信道中传输模拟信号的通信系统称为模拟通信系统，在信道中传输数字信号的通信系统称为数字通信系统。

1. 模拟通信的优缺点

模拟通信的优点是直观且容易实现，设备简单，占用频带窄。模拟信号有精确的分辨率，理论上趋近无穷大。

模拟通信的缺点是保密性差，尤其是微波通信和明线通信，很容易被窃听，只要收到模拟信号，就容易得到通信内容；抗干扰能力弱，电信号在沿线路传输过程中会受到外界和通信系统内部各种噪声的干扰，噪声和信号混合后难以分开，从而使通信质量下降，因此，线路越长，噪声的积累越多。

2. 数字通信的优缺点

（1）优点。数字通信的优点是保密性强，抗干扰能力较强，可以形成数字通信网。

1）保密性强。数字信号易于加密处理，所以数字通信保密性强。

2）抗干扰能力较强。数字传输抗干扰能力较强，适用于较远距离的传输，也适用于性能较差的线路，数字通信方式可做到无噪声累积。数字信号在传输过程中会混入杂音，但可以利用电子电路构成的门限电压（称为阈值）确保只有达到某一电压幅度，电路才会有输出值，并自动生成一个整齐的脉冲（称为整形或再生）。当杂音电压较小时，由于低于阈值而被过滤掉，因此不会引起电路动作。

3）可以形成数字通信网。数字通信采用时分交换后，传输和交换统一起来，可以形成一个综合数字通信网。

（2）缺点。数字通信的缺点是占用频带宽，技术复杂，产生量化误差。

1）占用频带宽。数字通信比模拟通信占用的频带宽。当然，由于毫米波和光纤通信的出现，带宽已不再是问题。

2）技术复杂。数字通信中，要准确地恢复信号，接收端需要严格的同步系统，以保持接收端和发送端的节拍一致、编组一致。因此，数字通信系统及设备一般都比较复杂，体积较大。随着超大规模集成电路的发展，设备集成度已经大大提高。

3）产生量化误差。随着大规模集成电路的使用及光纤等宽频带传输介质的普及，越来越多的信息存储和传输使用数字信号，因此，必须对模拟信号进行模/数转换，但在转换中不可避免地会产生量化误差。

3. 模拟通信与数字通信的比较

模拟通信发展比较早，技术比较成熟，在相同条件下比数字通信传输的话路多，但模拟信号不易容纳多种通信方式，所以不能适应通信技术发展的要求。

数字通信有利于设备集成化和小型化，抗干扰能力强，易于保密，可用于电缆、光纤、无线或卫星通信，能适应综合业务数字网要求，很有发展前途。频分制模拟通信与时分制数字通信比较见表6—1。

表6—1　　频分制模拟通信与时分制数字通信比较

项目	频分制模拟通信	时分制数字通信
时间特性	连续	离散
幅度特性	连续，无限个数	量化，有限个数
线路传输	频率复用	时间复用
平均每路频带	4 kHz，窄	64 kb/s，宽
传输路数	较多	较少
杂音特性	累计，杂音大	再生，杂音小
抗干扰能力	较差	强
保密性	中等	加密方便，保密性好
技术现状	较成熟，发展慢	迅速发展
发展方向	小型化，线性调制	功能多，速率高
综合业务网	不适应	适应

6.1.3 模拟通信的性能指标

1. 概述

传输电平是模拟通信系统的一个基本性能指标，是衡量设备质量的一项重要电气指标。各种通信设备对于电平值都有明确的规定。在传输过程中，传输电平保持定值，意味着电路处于稳定状态。可以说，维持电平定值是通信工作者的首要任务。

在一般的电路工作原理分析中，通常总是用“某点为‘高电平’，某点为‘低电平’”来叙述，虽然未指出高、低电平的数值，但通常高电平总是接近于工作电源电压的数值，而低电平则接近 0 V。

2. 绝对功率电平

某处所具有的视在功率 P 与标准功率 P_0之比的常用对数的 10 倍称为该处的绝对功率电平，常用单位是 dBm，其表达式为：

$$\text{绝对功率电平} = 10\lg(P/P_0)$$

其中，P_0为标准功率，表示 600 Ω 纯电阻上有 1 mW 的功率，此时流过电阻的电流为 1.29 mA，电阻两端的电压为 0.775 V。

当 $P = P_0 = 1$ mW 时，该处绝对功率电平为 0 dBm。

3. 相对功率电平和相对电压电平

在传输电路中，输入端视在功率 P_1与输出端视在功率 P_2之比的常用对数的 10 倍称为该电路的相对功率电平，单位是 dBr，其表达式为：

$$\text{相对功率电平} = 10\lg(P_1/P_2)$$

若电路输入电压为 U_1，输出电压为 U_2，则可得：

$$\text{相对电压电平} = 20\lg(U_1/U_2)$$

任何两处间的相对功率电平等于这两处绝对功率电平之差。例如，A 点的绝对功率电平为 10 dBm，将 A 点定义为零测试电平点；B 点的绝对功率电平为 5 dBm，则 A、B 点间相对功率电平为 5 dBr。若被测两处间阻抗相等，则这两处的相对功率电平就是其相对电压电平，并且可以由这两处的绝对电压电平之差求得。

6.1.4 数字通信的性能指标

1. 有效性指标

（1）信息传输速率。在二进制数字通信系统中，每秒传输的二进制符号数可用每秒传输的最大信息量来表示，称为信息传输速率，又称信息速率，其计算公式如下：

$$R_b = (\log_2 N)/T$$

式中 R_b——信息传输速率，b/s；

T——一个数字脉冲信号的宽度或重复周期（归零码），s；

N——一个码元所取的离散值个数。

通常 $N=2K$，K 为二进制信息的位数。$N=2$ 时，$R_b=1/T$，表示信息传输速率等于码元脉冲的重复频率。

（2）频带利用率。频带利用率是指单位频带内的传输速率。数字通信传输系统的频带利用率是指所传输的信息速率（或符号速率）与系统带宽之比值。相对于模拟通信来说，数字通信的频带利用率不高。

频带利用率是描述数据传输速率和带宽之间关系的一个指标，也是衡量通信系统有效性的指标。

2. 可靠性指标

（1）误码率。误码率是衡量数据在规定时间内传输精确性的指标，是指传输过程中发生误码的码元数与传输的总码元数之比。

误码率 = 传输中的误码数/所传输的总码数 × 100%

误码率是最常用的数据通信传输质量指标。它表示数字系统的传输质量，即“在多少位数据中出现一位差错”。举例来说，如果在一万位数据中出现一位差错，即误码率为万分之一，即0.01%。当误码率超过0.1%时通信就会中断。

（2）抖动。抖动是指数字信号的有效瞬时相对其理想位置的短期的非积累性变化，抖动是数字通信系统可靠性指标之一。

抖动分为确定性抖动和随机性抖动两种类型。确定性抖动是由可识别的干扰信号造成的，这种抖动通常幅度有限，具备特定的（而非随机的）产生原因，而且不能进行统计分析。数字信号存在相位噪声，确定性抖动是相位噪声的高频成分。随机抖动是指由较难预测的因素导致的时序变化，如能够影响半导体晶体材料迁移率的温度因素就可能造成载子流的随机变化。另外，半导体加工工艺的变化，如掺杂密度不均，也可能造成抖动。

6.2 数字终端技术

学习目标

✓ 了解数字终端技术的基本概念

✓ 掌握 PCM30/32 路系统的基本结构

知识要求

6.2.1 基本概念

1. PCM

PCM 是一种模数转换的最基本编码方法，它对模拟信号时间域和幅度域进行离散化处理，并将其幅度值变换为数字信号代码。PCM 是实现模拟信号数字化的常用方法之一。

2. 抽样、量化

在时间上对模拟信号进行离散化处理的过程称为抽样。为了减少由于低通滤波器性能不理想而产生的折叠噪声，一般语音信号的抽样频率选为 8 000 Hz，PCM 抽样周期为 125 μs。

对信号在取值上进行离散化，将幅度值连续的信号变换成幅度值为有限个离散值的过程称为量化。

奈奎斯特准则（抽样定理）：对于等效成截止频率为 f_c 的理想低通网络来说，若数字信号以 $2f_c$ 的符号速率传输，则在各码元的间隔处（即 $\frac{1}{2f_c}$ 的整数倍处）进行抽样判断，不产生码间干扰则可正确识别出每一个码元。

3. 编码、解码

编码是指将离散的量化值进行编码，使其变成二进制序列。编码过程是模/数转换过程。目前使用的二进制代码组编码分为一般二进制代码编码、折叠二进制代码编码、循环码编码。

解码是指将二进制序列进行解码，使其变成离散值。解码过程是数/模转换的过程，其作用是把 PDH 的数字码转换成相应的电压或电流幅度。

6.2.2 时分多任务

1. 概念

时分多任务方式用于数字通信（频分多任务方式用于模拟通信），多任务就是指在同一信道内能同时传输多个信号而互相不干扰的通信方式。数字通信利用数字信号时间离散性实现时分多任务，时分多任务使各路信号在不同的时间占用同一个信道进行传输。

2. 时分多路复用

时分多路复用建立在抽样定理基础上，抽样定理使连续的基带信号变成在时间上离散的抽样脉冲。若传输媒介能达到的数据传输速率超过传输数据所需，可采用时分多路复用技术将一条物理信道按时间分成若干个时间片，然后轮流分配给多个信号使用，每一时间片由复用的一个信号占用。这样，利用每个信号的传输在时间上不重复，就可以在一条物理信道上传输多个数字信号。时分多路复用不局限于传输数字信号，也可同时交叉传输模拟信号。

3. 同步技术

时分复用通信中的同步技术包括位同步（时钟同步）和帧同步。

（1）位同步。位同步就是码元同步，位同步是最基本的同步，是实现帧同步的前提。位同步的基本含义是接收、发送两端的时钟频率必须同频、同相，这样接收端才能正确接收和判断发送端送来的每一个码元。为了达到接收、发送两端频率同频、同相，在设计传输码型时，一般要考虑在传输码型中含有发送端的时钟频率成分。这样，接收端从接收到的 PCM 码中提取发送端时钟频率来控制接收端时钟，就可以做到位同步，当连续两次收到错误的帧定位信号时，就认为帧已失步。

（2）帧同步。帧同步的目的就是把每帧的首尾辨别出来，帧同步是为了保证接收、发送两端各对应的话路在时间上保持一致，这样接收端就能正确接收发送端送来的每一个话路信号，当然这必须在位同步的前提下实现。

为了建立收、发系统的帧同步，需要在每一帧（或几帧）中的固定位置插入具有特定码型的帧同步码。这样，只要接收端能正确识别出这些帧同步码，就能正确辨别出每一帧的首尾，从而正确区分发送端送来的各路信号。

6. 2. 3　PCM30/32 路系统结构

PCM30/32 路系统的基本工作过程是将 30 路抽样序列合成后再由一个编码器进行编码。由于大规模集成电路的发展，编码和译码可做在一个芯片上，称为单路编译码器。目前，厂家生产的 PCM30/32 路系统几乎都由单路编译码器构成，每话路的相应样值各自编成 8 位码后再合成总的话音码流，然后再与帧同步码和信令码汇总，经码型变换后再发送出去。

1. 系统帧结构

PCM30/32 路系统（E1）为欧洲国家和中国等采用，其传输速率为 2 048 kb/s。PCM30/32 路系统的帧结构中，每帧的长度为 256 bit，帧结构有 32 个时隙，帧周期为 125 μs。PCM30/32 路系统可提供 30 个话路，话路时隙为 3. 9 μs，每个话路可提供 64 kb/s 带宽。在时分多路通信中，每个话路占据的一小段时间称为时隙（TS），将每一话路时隙（包括有关时隙）轮流发送一次的总时间称为帧，在一帧中每一个时隙的相对位置都是确定的，能被识别。每 16 帧组成一个复帧，其中每一帧的相对位置也是确定的，能被识别。PCM30/32 路系统帧结构图如图 6—1 所示。

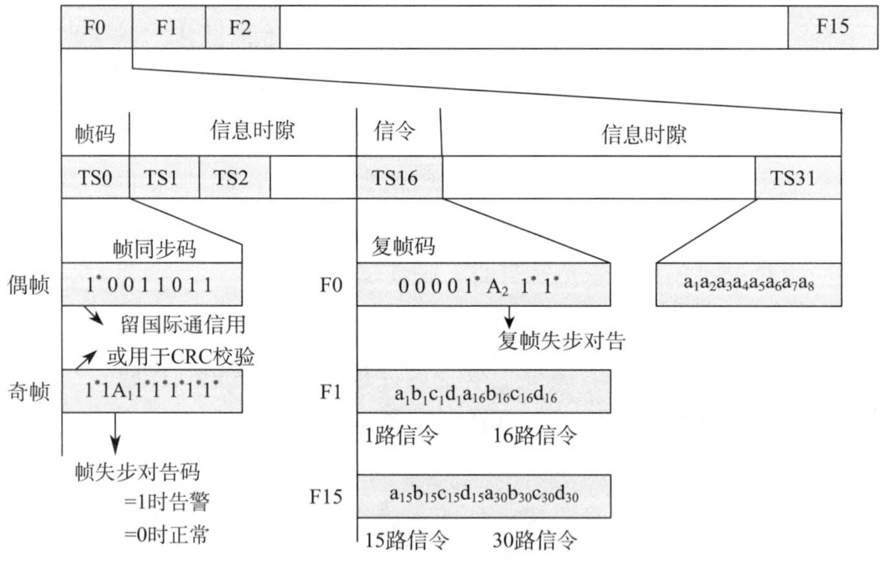

图 6—1　PCM30/32 路系统帧结构图

2. 系统话路时隙

（1）每一帧有 32 个时隙，其中 TS0 用来同步，称为同步时隙。TS1 ~ TS15 及

TS17 ~ TS31 共 30 个时隙用来通话，称为话路时隙。TS16 用来传递信令（如摘机、拨号、空闲、应答、忙音、挂机等），称为信令时隙。

（2）每个时隙分为 8 个码位，每个码位为 1 bit。8 bit 的脉冲编码为一组，称为码组。每一帧有 256 bit（32 ×8 =256）。

（3）同步时隙 TS0 在偶帧时发帧同步码组 X0011011，第一位码用于循环冗余校核（CR - C）。在奇帧时发监视码组 X1AXXXX，第二位码“1”称为帧监视码，在接收端鉴别奇帧。第三位码为帧失步告警码，简称对告码，当接收端与发送端同步时，向发送端发“0”；当接收端与发送端不同步时，向发送端改送“1”，告诉对方，接收端已失步而无法工作。第一位码“X”留作国际通信用，第四到第八位码留作国内使用。

（4）话路时隙 TS1 ~ TS15 传送第 1 到第 15 话路信号，TS17 ~ TS31 传送第 16 到第 30 话路信号，按顺序一一对应。每个话路为 8 bit 码组。其中，“X1”称为极性码，“1”代表话音信号正极性，“0”代表负极性。“X2”“X3”称为幅度码，是与量化值一一对应的码组。

（5）信令时隙 TS10 用来传递 30 个话路的信令。由于信令的频率很低，它的抽样频率为 500 Hz，是 8 000 Hz 的十六分之一，即每经过 16 帧信令进行抽样编码一次。另外，由于信令的数量很少，一般低于 16 种，故 4 位码已经足够用了。1 个时隙 8 位码可传送 2 个话路信令的编码，30 个话路需要 15 帧 F1 ~ F15，其中，F1 传送 CH1 与 CH16 的信令，F2 传送 CH2 与 CH17 的信令。

PCM30/32 路系统的帧结构中 0 时隙是同步时隙，0 时隙 2 ~ 8 bit 为帧同步信号；16 时隙是信令时隙，16 时隙 1 ~ 4 bit 为复帧同步信号。

3. 定时方式

PCM30/32 路定时系统包括发送端定时和接收端定时两种。定时系统产生数字通信系统所需要的各种定时脉冲，如供编码和译码用的位脉冲，供抽样和分路用的路脉冲。定时系统是数字时分多路复用系统必不可少的。在发送端，发定时系统控制各话路按照一定的时间顺序抽样，每一样值又按照一定的时间顺序编为 n 位码，不同话路的语音数字码、同步监视对告码及话路信令码也必须按照一定的时间顺序组合起来，构成综合数码流。接收端则只有靠收定时系统控制才能完成上述相反的过程。

同步系统保证收、发定时系统的同频、同相，以及区分综合性数字码流每帧的首尾，使接收端能区分发送端送来的每个码元，实现正确通信。可以说，定时和同步系统是 PCM 通信机的“心脏”。

4. 帧同步方式

帧同步保证接收端正确区分数码流的首尾，使发送端第 n 路抽样量化编码的信号一定要在接收端第 n 路被解码、滤波和恢复，保证语音的正确传送。在 PCM30/32 路系统中，7 位帧同步码是出现在 PCM 信码的偶帧 TS0 时隙。PCM30/32 路系统的帧同步码型为 0011011，ITU（国际电信联盟）规定 PCM30/32 路系统帧同步码由 7 位组成。PCM 基群终端机的同步包括位同步、帧同步及复帧同步三个部分。帧同步保证接收端正确区分数码流的首尾，使发送端第 n 路抽样量化编码的信号一定要在接收端第 n 路被解码、滤波和恢复，保证语音的正确传送。复帧同步则确保信令的正确传送，即使发送端第 n 路的信令一定要送到接收端第 n 路。

6.3 传输单元设备知识

学习目标

✓ 掌握 SDH 的 2M 端口板的功能和作用
✓ 能够进行 SDH 的 2M 端口的物理连接及检查

知识要求

6.3.1 数字配线架

数字配线架又称高频配线架，英文缩写是 DDF，其正、反面如图 6—2 所示。它能使数字通信设备的数字码流连接为一个整体，信号速率为 2 ~ 155 Mb/s 的输入、输出都可终接在数字配线架上，这为配线、调线、转接、扩容都带来很大的灵活性和便捷性，所以在数字通信应用中越来越有优越性。

2M 连接线即同轴电缆，是通信行业普遍使用的 E1 接口的连接电缆。2M 连接线结构示意图如图 6—3 所示。1 个 2M 即一个 PCM 系统，分为 0 ~ 31 个时隙（64 kb/s，64 × 32 = 2 048），所以俗称 2M。2M 连接线可以承载语音、分组交换等多种业务。通常的 2M 连接线有两种，阻抗为 75 Ω 和 120 Ω。

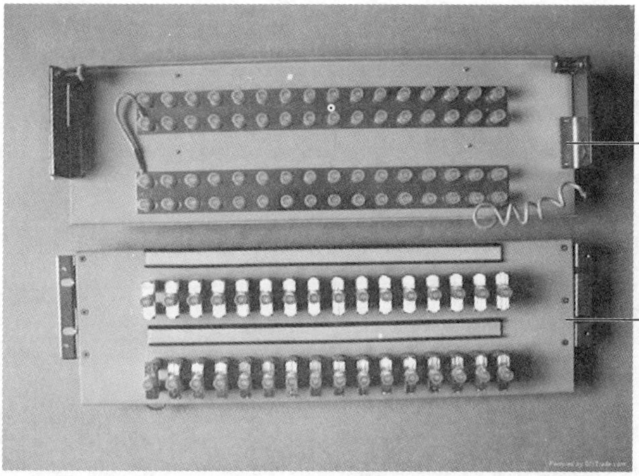

图 6—2　数字配线架正、反面

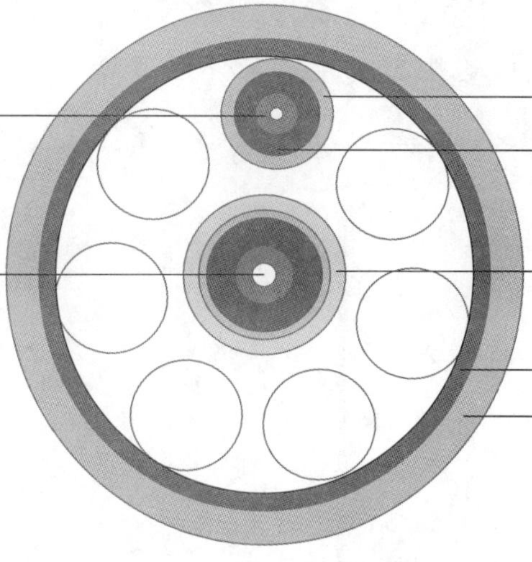

图 6—3　2M 连接线结构示意图

6.3.2　SDH 的 2M 端口板

1. 功能

阿尔卡特 1660 设备的 2M 端口板分为 2M 接口板（A21E1）与 2M 处理板（P63E1）。2M 接口板负责提供 2M 连接线的物理接口，2M 处理板负责处理 2M 业务的实际处理。2M 接口板如图 6—4 所示，2M 处理板如图 6—5 所示。

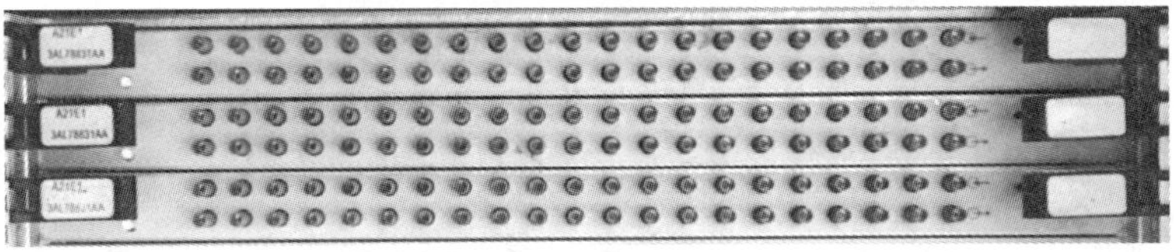

图 6—4　2M 接口板

图 6—5　2M 处理板

2. 状态指示

绿灯表示运行正常，红灯表示有故障。

3. 作用

一般三块接口板对应一块处理板。63 ×2M 信号通过两块接口板接入、转换，再经由设备背板送到处理板进行复用处理。接口板分为 75 Ω 与 125 Ω 两种。接口板示意图如图 6—6 所示。

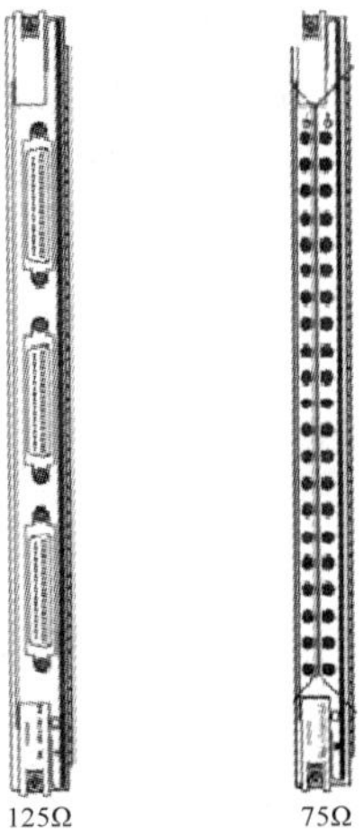

图 6—6　接口板示意图

6.3.3　SDH 电源板

1. 功能

阿尔卡特 1660 设备电源板如图 6—7 所示。该电源板主要完成传输设备 DC 48 V 电源引入、网管 Q3 信号接入、架顶告警连接、外部 housekeeping（总务）接口等功能。

图 6—7　阿尔卡特 1660 设备电源板

2. 作用

电源板一般在机框的第十与第十二槽位，一般称为 A 板与 B 板。两块电源板提供整个设备的电源，一起使用，并提供电源接入保护。一般 A 板还提供远端告警、Q3/Q2 接口，并存储有网元的 MAC（媒体访问控制）地址。

6.3.4　SDH 光端机

1. 功能

用于 STM－16 信号接入的光板一般有 S16.1ND 和 O－16ES 等，其中 O－16ES 光板如图 6—8 所示。O－16ES 只能用在 R5 版本的设备中，主要完成光信号的接入与处理。

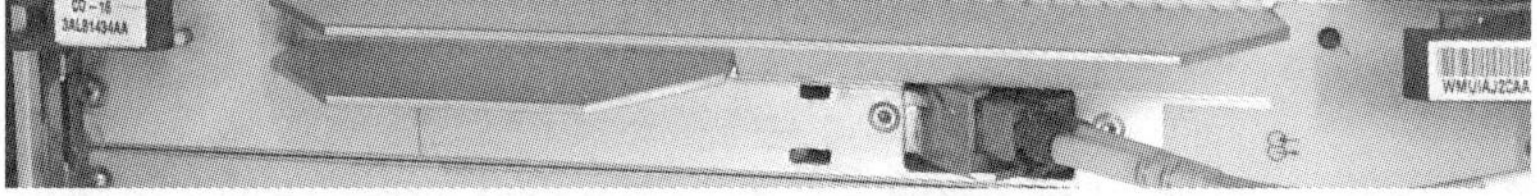

图 6—8　O－16ES 光板

2. 状态指示

绿灯表示运行正常，红灯表示有故障。

3. 作用

光端机主要用于光信号的接入与处理。

技能要求

SDH 的 2M 端口的物理连接及检查

操作准备

实训设备及工具见表 6—2。

表 6—2　　实训设备及工具

序号	名称	规格	数量
1	万用表	数字式或指针式	1 台
2	卡线刀	科隆	1 把
3	连接线	2M－to－BNC	2 根
4	连接线	2M－to－2M	4 根
5	测试工具		1 套
6	清洁用品		1 套

操作要求

1. 正确选择“2M－to－BNC”的 2M 同轴连接线。
2. 正确测量 2M 同轴连接线。

操作步骤

步骤 1：正确选择 2M 同轴连接线。2M 同轴连接线有很多种类，如 2M－to－2M、2M－to－BNC、BNC－to－BNC，如图 6—9 所示。根据题目要求，应将 DDF 上的 2M 信号连接到用户设备上，而用户设备和仪表上的 2M 端口都为 BNC 接口，应正确选择“2M－to－BNC”的 2M 同轴连接线。

步骤 2：正确选择“2M－to－BNC”的 2M 同轴连接线后，还要检查和测试该 2M 同轴连接线是否好用，首先仔细检查该 2M 同轴连接线的外表是否损坏，接头是否牢固，再用万用表欧姆最小（指针式用 Ω×1）挡测试中心线和外层屏蔽网导通是否可靠，阻值是否正常，如图 6—10 所示。

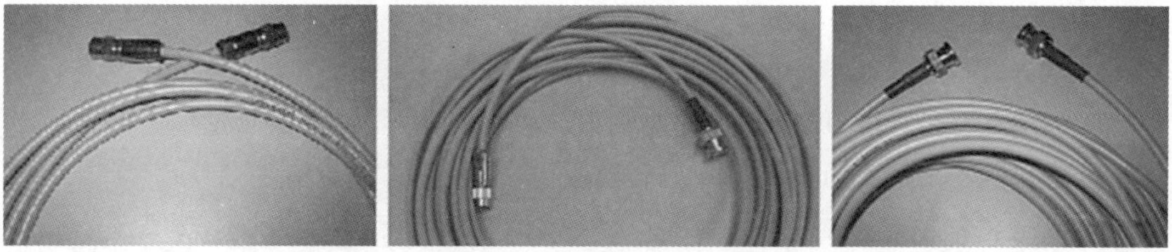

a）　　b）　　c）

图6—9　2M同轴连接线

a）2M－to－2M　b）2M－to－BNC　c）BNC－to－BNC

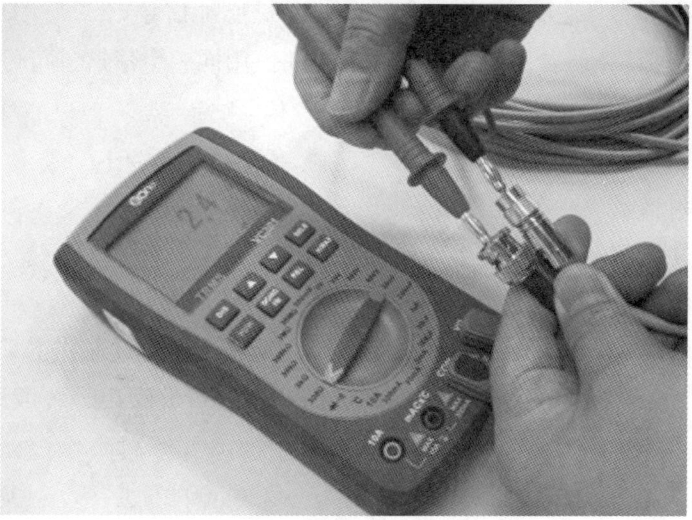

图6—10　测量2M同轴连接线

本章理论复习题

一、判断题（将判断结果填入括号中。正确的填“√”，错误的填“×”）

1. 模拟信号的幅度值随时间连续变化，而数字信号的幅度值随时间离散变化。　（　）

2. 在信道上传输数字信号的通信系统称为模拟通信系统。　（　）

3. 数字传输抗干扰能力较强，适用于较远距离的传输，也适用于性能较差的线路。　（　）

4. 信息传输速率的单位是b/s。　（　）

5. 频带利用率是指单位频带内的传输速率。 （ ）

6. 误码率是指传输过程中发生误码的码元数累积。 （ ）

7. 传输衰减是网络的输入端功率与输出端功率之差。 （ ）

8. 解码的作用是把 PDH 的数字码转换成相应的电压或电流幅度。 （ ）

9. PCM 抽样频率一般取 6 000 Hz。 （ ）

10. PCM30/32 路系统可提供 30 个话路。 （ ）

二、单项选择题（选择一个正确的答案，将相应的字母填入题内的括号中）

1. 在信道上传输（ ）的通信系统称为模拟通信系统。

A. 数字信号　B. 模拟信号　C. 脉冲信号　D. 任何信号

2. （ ）多任务使各路信号在不同的时间占用同一个信道进行传输。

A. 码分　B. 时分　C. 频分　D. 波分

3. 信息传输速率的单位是（ ）。

A. 任意进制码元/秒　B. 比特/秒　C. 字节/秒　D. 波特

4. 误码率是指传输过程中发生误码的（ ）。

A. 码元数与正确的码元数之比　B. 码元数

C. 码元数累积　D. 码元数与传输的总码元数之比

5. 为了减少由于低通滤波器性能不理想而产生的折叠噪声，一般语音信号的抽样频率选为（ ）Hz。

A. 3 400　B. 5 600　C. 6 800　D. 8 000

6. 编码过程是（ ）转换过程。

A. 速率　B. 数/模　C. 模/数　D. 幅度

本章理论复习题参考答案

一、判断题

1. √　2. ×　3. √　4. ×　5. √　6. ×　7. √　8. √　9. ×　10. √

二、单项选择题

1. B　2. B　3. B　4. D　5. D　6. C

本章操作技能复习题

一、2M 端口的物理位置确认及自环操作

试题单

（1）操作条件

1）2M 端口设备。

2）数字配线架。

3）阿尔卡特 SDH 网管设备。

（2）操作内容

1）在数字配线架上查找相应的 2M 物理位置。

2）在数字配线架上做自环测试。

3）登录网管。

4）在网管上观察相应 2M 端口状态，并记录。

5）在网管上找到相应告警状态，并记录。

（3）操作要求

1）在数字配线架上准确找到 2M 物理位置。

2）在数字配线架端口打自环。

3）正确登录网管。

4）查看网管上相应 2M 端口状态。

5）在网管的网元告警中找到 2M 链路告警。

6）按安全操作规程进行操作。

二、检测 SDH 光端机的发光功率

试题单

（1）操作条件

1）光端机设备。

2）光功率计。

3）测试尾纤。

（2）操作内容

1）查找 SDH 光端机的发送端。

2）用光纤连接光端机与光功率计。

3）测试并记录结果。

（3）操作要求

1）准确找到光端机的发送端。

2）使用酒精棉清洁尾纤。

3）用光纤正确连接光端机与光功率计。

4）准确读出光功率参数并记录。

5）按安全操作规程进行操作。

第 7 章

电源单元模块

7.1 电源基础知识

学习目标

✓ 了解整流元件的特点
✓ 掌握硬开关和整流电路的工作原理

知识要求

7.1.1 电子元器件

1. 二极管

二极管是晶体二极管的简称，如图 7—1 所示。二极管由一个 PN 结、两端引线及封装构成。

二极管是只往一个方向传送电流的电子元器件，它最重要的特性就是单方向导电性。在电路中，电流只能从二极管的正极流入，从负极流出。

2. 电感器

电感器又称扼流器、电抗器，是能够把电能转化为磁能而存储起来的电子元器件。电感器的结构类似于变压器，但只有一个绕组。电感器具有一定的电感，它只阻止电流的变化。如果电感器中没有电流通过，则它阻止电流流过它；如果有电流通过，则电路断开时它将试图维持电流不变。所以电感器中的电流不能突变。

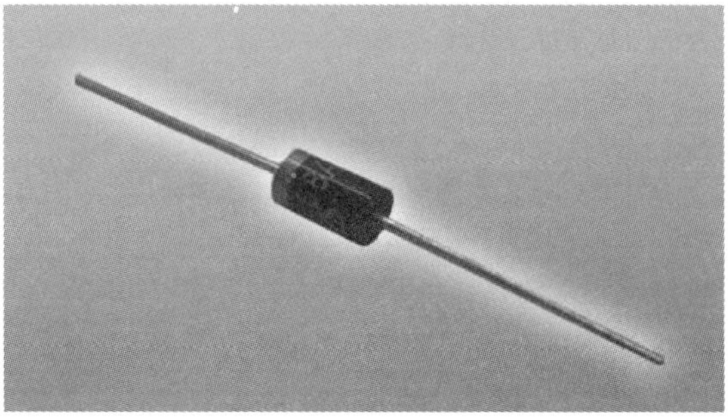

图 7—1 二极管

3. 晶闸管

开关电源中的晶闸管是其最基本、最重要的组成部分，又称可控硅。晶闸管是 PNPN 四层半导体结构，它有阳极、阴极和门极三个极。晶闸管能在高电压、大电流条件下工作，且其工作过程可以控制，因此，晶闸管被广泛应用于可控整流、交流调压、无触点电子开关、逆变及变频等电子电路中。

7.1.2 硬开关和单相桥式整流电路

1. 硬开关

晶体管上的电压（或电流）尚未到零时，强迫开关管开通（或关断），这种开关称为硬开关。例如，在一般 PWM（脉冲宽度调制）直流变换器中，功率开关管在高电压下开通，在大电流下关断。硬开关具有如下缺点。

（1）开关损耗大。开通时，开关器件的电流上升和电压下降同时进行；关断时，电压上升和电流下降同时进行。电压、电流波形的交叠产生了开关损耗，该损耗随开关频率的提高而急速增大。

（2）感性关断电压尖峰大。当开关器件关断时，电路的感性元件感应出尖峰电压，开关频率越高，关断越快，该感应电压越高。此电压加在开关器件两端，易造成器件击穿。

（3）容性开通电流尖峰大。当开关器件在很高的电压下开通时，存储在开关器件结电容中的能量将以电流形式全部耗散在该器件内。频率越高，开通电流尖峰越大，从而引起器件过热损坏。另外，二极管由导通变为截止时存在反向恢复期，开关器件在此期间内的开通动作易产生很大的冲击电流。频率越高，该冲击电流越大，对器件的安全运行危害越大。

（4）电磁干扰严重。随着频率提高，电路中的 di/dt 和 du/dt 增大，从而导致电磁干扰增大，影响整流器和周围电子设备的工作。

2. 单相桥式整流电路

在实用电路中多采用全波整流电路，最常用的是单相桥式整流电路。

（1）电路图。几种单相桥式整流电路图如图 7—2 所示。该电路应用了四个二极管。注意四个二极管的连接方向，任何一个二极管都不能接反，也不能短路，否则会导致二极管和变压器烧坏。

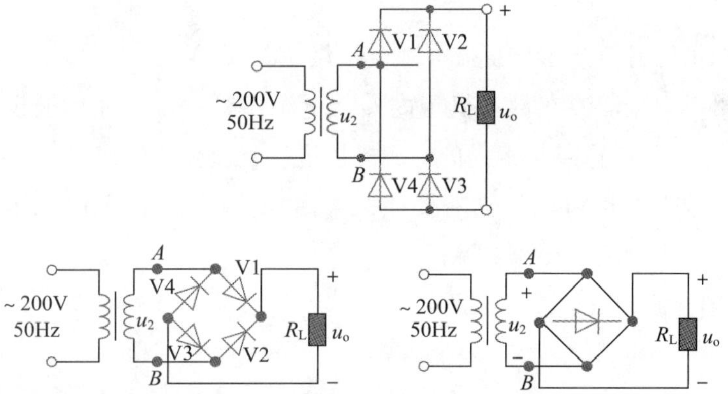

图 7—2　几种单相桥式整流电路图

（2）工作原理。设 u_2 为变压器电压的有效值。

当 u_2 为正半周时，V1 和 V3 管导通，V2 和 V4 管截止，电流由 *A* 点流出。$u_o = u_2$，V2 和 V4 管承受的反向电压为 $-u_2$。

当 u_2 为负半周时，V2 和 V4 管导通，V1 和 V3 管截止，电流由 *B* 点流出。$u_o = -u_2$，V1 和 V3 管承受的反向电压为 u_2。

由于 V1、V3 和 V2、V4 两对二极管交替导通，因此负载电阻 R_L 在 u_2 的整个周期内都有电流通过，而且方向不变。

7.2　通信电源

学习目标

✓ 了解通信电源的组成及要求

✓ 掌握通信电源的供电方式

知识要求

7.2.1 通信电源的组成及要求

1. 机架电源

通信设备机架内的电源通常称为机架电源，又称二次电源。机架电源是一种根据负载设备自身需求安装在负载设备机架内的电源供给设备，目前，通信设备机架电源主要用于传输设备。

传统的电源供给是直接由交直流电源柜提供 AC 220 V 或 DC 48 V 电源给设备机柜的，而设备也可以根据需要在设备机柜内安装电源供给系统，如传输设备可以直接取用 AC 220 V 电源，再由设备机柜内的电源模块进行整流变压输出 DC 48 V 为其供电。

一些交流负载设备也可以根据需要在机架内加装机架式 UPS（不间断供电系统）设备，以提供一个更稳定的交流电源。

2. 交流基础电源和直流基础电源

（1）交流基础电源

1）概述。由市电或备用发电机组提供的低压交流电源称为通信局（站）的交流基础电源，其线电压为 380 V，额定频率为 50 Hz。交流电源在电路中的电流、电压及电动势的大小、方向都随时间做周期性变化。其中，随时间按正弦规律变化的电流称为正弦交流电。

发电厂利用火力、水力、风力、核能、太阳能等能源推动发电机等工作，将机械能转换为电能，形成交流电。

2）应用。高压电源由发电厂利用输电线（大多为架空线）送往各地的供电所或大型企事业单位。例如，上海地铁 1 号线输入高压电源为 110 kV，并经变压器将高压电源电压逐级下降，110 kV 电压先降为 35 kV 电压，再由 35 kV 电压降为 10 kV 电压。降压的方法都是利用变压器采用Y/△接法来实现的。当高压电源电压降为 10 kV 后，可由变压器采用△/Y接法变为三相四线制或三相五线制的低压交流电。

3）质量要求。通信设备使用交流电源供电时，电压允许变动范围为额定电压值的 −10% ~ +5%，即相电压为 198 ~ 231 V，线电压为 342 ~ 399 V。

通信电源设备及重要建筑用电设备使用交流电源供电时，电压允许变动范围为额定电压值的 −15% ~ +10%，即相电压为 187 ~ 242 V，线电压为 323 ~ 418 V。

当市电供电电压不能满足上述规定时，应采用调压及稳压设备来保证相应电压在允许的范围内变动。

交流电源频率的允许波动范围为额定频率的 ±4%，即 48～52 Hz；电压波形正弦畸变率应不大于 5%。

应根据用电标准的要求安装无功功率补偿装置。

（2）直流基础电源

1）概述。直流基础电源的电压首选标称值为 －48 V。直流变换器是将一种电压的直流电变换为另一种或几种电压的直流电的设备。最简单的直流电源采用单节干电池、蓄电池及微型电池作为电源。为了提高电源效率，方便用电设备，也可将简单的直流电源进行串联或并联。

2）质量要求。根据《通信局（站）电源系统总技术要求》（YD/T 1051—2018）规定，通信机房内每一个通信设备机架的直流输入端子处 －48 V 电压允许变动范围为 －40～－57 V。

高频开关电源的输出电压应有稳压装置，其稳压精度应达 ±0.6%。

－48 V 直流电源（第一级）输出端子处测量的杂音电压指标要求见表 7—1。

表 7—1　　杂音电压指标要求

指标名称	要求
电话衡重杂音电压	≤2 mV（符合 ITU 相关规定）
峰峰值杂音电压	0～20 MHz，≤200 mV

3. 直流稳定电源

随着社会的不断发展、家用电器的不断更新和计算机的普及，简单的直流电源已不能满足社会需求。因此，各类直流电源不断发展、完善，如稳压电源、开关电源、UPS 电源、计算机电源及各种设备的应急保护电源相继问世并不断发展。

其中，稳压电源是保证输出电压值稳定不变的电源装置。稳压电源多种多样，如按主要特性即稳定的结果可分为直流稳压器和交流稳压器，按实现稳定的方式可分为参数稳压器和反馈调整型稳压器，按稳压电路的连接方式可分为并联型稳压器和串联型稳压器，按电路中主要元件的工作状态可分为线性稳压器和开关稳压器。

4. 交流供电系统

城市轨道交通的交流供电系统一般由电源配电箱、交流自切配电柜及 UPS 组成。

（1）电源配电箱。电源配电箱将外部输送过来的两路市电接入交流自切柜，并起到隔离、保护作用。电源配电箱主要由断路器及防雷器组成。其电源线的色彩应符合有关规定，U 相为黄色，V 相为绿色，W 相为红色，零线为蓝色，保护线为黄、绿双色。

（2）交流自切配电柜。交流自切配电柜对两路市电进行检测，选择一路适合的市电并通过断路器分路输出给负载供电。

（3）UPS。UPS 在系统中起稳压及后备作用，为负载提供了一个较为稳定的 AC 220 V（或 AC 380 V）电源，并在两路市电切换、两路市电均断电及交流自切输入系统发生故障等情况时提供一个持续的电源，持续供电时间根据蓄电池负载配置时间、蓄电池使用状况来决定。一般要求通信电源 UPS 持续供电时间为 2 h。

7.2.2 通信电源的供电方式

1. 集中供电

（1）优点。电源设备比较集中，维护比较方便，适用于规模较小的通信局（站）。

（2）缺点。易造成全局故障。

2. 分散供电

（1）优点。供电设备距离通信设备近，配电损耗较小，系统效率高，配电电缆及安装费用也少，而且可靠性较高，部分故障不会影响全局。

（2）缺点。成本较高，浪费能源。

3. 新能源供电

（1）优点。采用新能源，符合节能减排的原则，值得大力推广。

（2）缺点。只有在阳光充足或风力充足的特殊情况下才适用，而且，易受场地等诸多因素的限制，适用范围较小。

7.2.3 接地系统与防雷

1. 概述

接地系统是通信电源系统的重要组成部分，雷电可以通过信号线和电缆等进入机房，对通信设备造成破坏。接地系统不仅直接影响通信的质量和电源系统的正常运行，还起到保护人身安全和设备安全的作用。为了提高通信质量，确保通信设备正常运行与员工人身安全，通信电源系统中的交流和直流供电系统都必须有良好的接地系统。通信电源设备的接地系统包括交流接地系统和直流接地系统。

接地系统由接地装置（或电极系统）和地线系统构成，接地装置包括接地引入线和地下接地电极，地线系统则是指地上连接的各种地线（包括接地母线、垂直主干地线和互相“搭接”的接地导线）。

2. 保护接地

将设备的外露导体部分接地称为保护接地。在通信电源设备中，将设备在正常情况下与带电部分绝缘的金属外壳与接地体之间进行良好的金属连接，可以防止人员因设备绝缘损坏而遭受触电的危险。

（1）保护接地的作用和原理。电源设备在运行、维护和检修时，保护接地可以保障使用者或操作人员的人身安全。当这些电源设备的外壳、机架和操作机构进行妥善接地后，便与大地同电位，上述部位一旦因绝缘损坏而带电，则电流可以通过接地引线、接地装置而流入大地，不致产生危险电压，从而保障了人身安全。

（2）保护接地的接线方法。交流接地系统中常用的保护接地接线方法有两种。第一种是直接接地保护，即将电源设备在正常情况下不带电的金属部分直接接在单独埋设的一组保护接地电极上。第二种是接零保护法，在通信局（站）用交流供电系统的传统设计方案中，中性线既是工作地线又是保护地线。但是，用中性线作为保护地线有两个问题，一是中性线平时有荷载电流，它与相接设备的机壳之间有电位差，且这种保护地线会成为干扰源；二是当出现某一相短路或碰机壳时，机壳上就有危险电位，人接触时可能发生危险。

（3）影响接地电阻的主要因素。影响接地电阻的主要因素包括温度、土壤电阻率、地质活动、年降雨、地表下管网，以及地下接地电极、各种接地线的线径和接触电阻的大小等。

3. 雷电的形成与防雷

（1）雷电的形成。雷电是大气中的放电现象，多形成在积雨云中。积雨云随着温度和气流变化而不停运动，运动中摩擦生电，就形成了带电荷的云层，某些云层带有正电荷，另一些云层带有负电荷。当雷云接近地面时，由于静电感应使地面积聚异性电荷，从而使地面与雷云之间形成强大的电场。当某处积聚的电荷密度很大，电场强度达到空气电离的临界值时，就为线状闪电落雷的发生创造了条件。

（2）雷电的形式。根据雷电产生过程和危害特点的不同，雷电可分为以下四种形式。

1）直击雷。直击雷是云层与地面凸出物之间放电形成的。直击雷可在瞬间击伤人畜，甚至致其死亡。直击雷的巨大雷电流流入地下，在雷击点及与其连接的导电体产生极高的对地电压，可能直接导致接触电压或跨步电压的触电事故。万伏的冲击电压能使发电机、电力变压器等电气设备的绝缘损坏，导致火灾或爆炸事故；也能烧断电线或劈裂电杆，造成大面积的停电。另外，直击雷的巨大雷电流通过被雷击物在极短时间内转换成大量的热能，造成易燃物品燃烧而引起火灾。

2）球形雷。球形雷出现的次数少而不规则，能从门、窗、烟囱等通道侵入室内，极其危险。

3）雷电感应。雷电感应又称感应雷，分为静电感应和电磁感应两种。静电感应是由于雷云接近地面，在地面凸出物顶部感应出大量异性电荷所致。在雷云与其他部位放电后，凸出物顶部的电荷失去束缚，以雷电波形式沿突出物极快地传播。电磁感应是由于雷击后，巨大雷电流在周围空间产生迅速变化的强大磁场所致，这种磁场能在附近的金属导体上感应出很高的电压，造成二次放电，损坏电气设备。

4）雷电波。由于雷击而在架空线路上或空中金属管道上产生的冲击电压沿线路或管道迅速传播，形成雷电波，其传播速度为 3×10^8 m/s。雷电波侵入可毁坏电气设备的绝缘，使高压串入低压，造成严重的触电事故。电波侵入造成的雷电事故有很多，在低压系统中，这类事故约占总雷害事故的 70%，如雷雨天时，室内电气设备突然爆炸起火或损坏，人在屋内使用电器或打电话时突然遭电击都属于这类事故。

（3）防雷保护。低压供电系统一般采用三级防雷保护。

7.3　通信电源的蓄电池

学习目标

✓ 了解蓄电池的分类

✓ 掌握铅酸蓄电池的基本原理及维护

知识要求

7.3.1　概述

1. 分类

按用途和外形结构不同，蓄电池分为固定式和移动式两大类。其中，固定式铅酸蓄电池按电池槽结构又分为半密封式及密封式。

按极板结构不同，蓄电池分为涂膏式（或涂浆式）、化成式（或形成式）、半化成式（或半形成式）和玻璃丝管式（或管式）。

按电解液成分不同，蓄电池分为酸性蓄电池和碱性蓄电池。酸性蓄电池以酸性水溶液作为电解质，碱性蓄电池以碱性水溶液作为电解质。

按电解液数量不同，蓄电池分为贫液式和富液式。密封式蓄电池均为贫液式，半密封式蓄电池均为富液式。

2. 基本原理

电极是以铅及其氧化物为材料的蓄电池又称铅酸蓄电池。常见的铅酸蓄电池通常由正极板、负极板、隔板、电解液、安全阀气塞、容器等组成。其基本工作原理如下：

$$PbO_2 + 2H_2SO_4 + Pb \underset{\text{充电}}{\overset{\text{放电}}{\rightleftharpoons}} 2PbSO_4 + 2H_2O$$

放电时，正极板的二氧化铅（PbO_2）和负极板的海绵状铅（Pb）与电解液中的硫酸（H_2SO_4）反应，生成硫酸铅（$PbSO_4$）和水（H_2O），电解液中的硫酸浓度降低；充电时，硫酸铅通过氧化还原反应分别恢复成二氧化铅和海绵状铅，电解液中的硫酸浓度增大。

3. 指标

（1）容量。容量是指在规定放电条件下蓄电池所放出的电荷量。额定容量是指蓄电池容量的基准值。

（2）最大放电电流。最大放电电流是指在蓄电池外观无明显变形，导电部件不熔断条件下，蓄电池所能承受的最大放电电流。

（3）耐过充电能力。耐过充电能力是指完全充电后蓄电池承受过充电的能力。

（4）容量保存率。容量保存率是指蓄电池完全充电后静置保存数十天，由保存前后容量之比计算出的百分数。

（5）密封反应性。密封反应性是指在规定的试验条件下，蓄电池在完全充电状态下，每安时（符号为 Ah）放出气体的量（单位是 mL）。

（6）安全性。为了防止蓄电池内压异常升高损坏电池槽而设置开阀压，为了防止外部气体自安全阀侵入影响蓄电池循环使用寿命而设置闭阀压。

（7）防爆性。在规定的试验条件下，蓄电池外部有明火时，蓄电池内部应不引爆、不引燃。

（8）防酸雾性。在规定的试验条件下，蓄电池在充电过程中内部产生的酸雾被抑制向外部泄放。

4. 放电率

放电率习惯上有两种表达方式。

（1）小时率。由于蓄电池的放电电流影响其容量，生产厂家在规定其产品的额定容量时必须标明其放电率。例如，$C20=60$ Ah，表示这种蓄电池以 20 小时率放电时额定容量为 60 Ah，故放电率（即放电电流）为 3 A（60/20 = 3）。

（2）C 放电率。C 放电率又称电池额定容量 C 的“倍率”。仍设 $C20=60$ Ah，则放电倍率为 $0.05C$、$1C$ 或 $10C$，分别表示放电电流为 3 A、60 A 或 600 A 时其容量应为 60 Ah。

5. 温度特性

温度是影响蓄电池性能的重要因素。

（1）温度与放电容量的关系（见图 7—3）。从图 7—3 中可以看出，温度上升，蓄电池放电容量增大；温度降低，蓄电池放电容量减小。

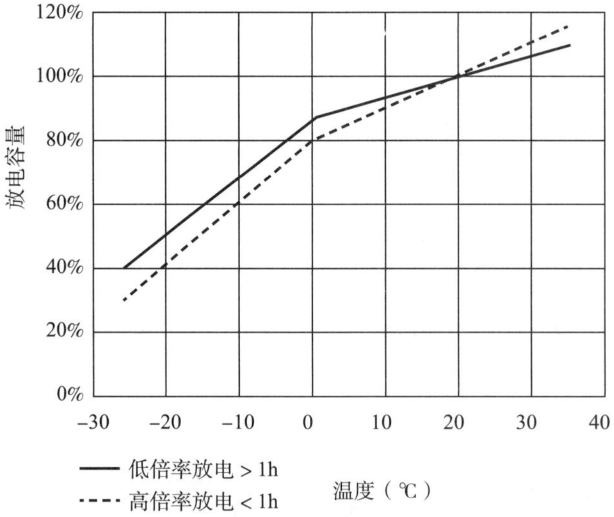

图 7—3　温度与放电容量的关系示意图

阀控式铅酸蓄电池放电时吸收热量。

（2）温度与蓄电池使用寿命的关系。蓄电池的使用寿命在一定温度范围内随温度升高而延长，这是因为容量随温度升高而增大。如果放电容量不变，则在温度升高时其放电深度降低，而使使用寿命延长。在 10 ~ 35℃之间，温度每升高 1℃，蓄电池可增加 5 ~ 6 个循环；在 35 ~ 45℃之间，温度每升高 1℃，蓄电池可增加 25 个循环以上；温度高于50℃，则蓄电池因负极硫化容量损失而缩短使用寿命。

7.3.2 维护注意事项

1. 使用寿命

一般铅酸蓄电池使用寿命在3～5年之间。蓄电池的使用环境（主要指温度和湿度）、定期保养状况都会影响蓄电池使用寿命，同时，蓄电池的过充电及过放电都会使蓄电池使用寿命缩短。

2. 参数设置

在UPS设备中，对于蓄电池组来说，主要设置蓄电池的容量，UPS会根据设置的容量参数进行充放电。

在直流系统中，主要设置蓄电池的充电电压及充电电流。设置充电电压是为了保证蓄电池组充满电后不会因为长期馈电而损坏。根据直流模块容量及负载设备容量的大小来对蓄电池组充电电流进行设置，是为了确保负载设备的正常工作。在蓄电池组充电过程中，蓄电池组相当于直流模块的一个负载，如果蓄电池充电电流和负载电流大于直流模块的输出电流，就会导致直流模块不能正常工作，从而导致负载设备不能正常运行。

3. 容量配置

根据负载容量及用户所需后备时间来配置蓄电池容量。一般通信电源UPS、直流电源后备时间不小于2 h。

4. 维护与检查

（1）定期维护。如果蓄电池长期处在浮充电状态，蓄电池内阻会上升，容量却会下降。因此，要定期人为地进行充放电，激活蓄电池的充放电特性，延长蓄电池的使用寿命。一般要求：UPS在使用1～2年内时，蓄电池需要三个月进行一次充放电；3～4年内，蓄电池需要两个月进行一次充放电；而使用期在5年以上时，每月需要进行一次充放电。每次进行蓄电池放电时，要定时测量蓄电池组的放电电压及放电电流，并做好记录。

目前，地铁采用的蓄电池后备时间是30 min，每间隔5 min测量一次放电电压及放电电流，一般放电时间是35 min，一般不要求进行深度放电。

（2）定期检查

1）定期检查蓄电池组中各蓄电池单元的端电压和内阻。对于12 V蓄电池组来说，当检查中发现各蓄电池单元间的端电压差超过0.4 V或内阻超过80 mΩ以上时，应该对各蓄电池单元进行平衡充电。一般刚出厂的蓄电池内阻为 10 ~ 20 mΩ 左右（不同厂家、不同型号的蓄电池内阻均不同）。经过平衡充电后的各单元蓄电池内阻可恢复到 30 mΩ 左右，这样就提高了蓄电池的使用寿命，这项检查一般一年一次。

2）检查蓄电池外壳。检查蓄电池外壳是否变形，特别要注意密封电池是否有膨胀鼓起或部分损坏等现象，检查蓄电池通气孔的密封圈是否处于完整、无损状态，检查蓄电池是否有温升现象（一般用手触摸蓄电池外壳），检查各蓄电池单元的连接螺钉是否松动，并防止短路。

7.4 通信电源的零部件

学习目标

✓ 了解通信电源各零部件的作用
✓ 掌握通信电源各零部件的测量
✓ 能够测量交流电源柜各路输出电压及输出电流

知识要求

7.4.1 交流熔断器

交流熔断器主要由熔体（又称熔芯）和安装熔体的绝缘管或绝缘座所组成。

熔体的材料有两种：一种是低熔点材料，如铅锡合金、锌等；另一种是高熔点材料，如银、铜等。熔体一般制作成丝状或片状。

绝缘管具有灭弧作用，当通过的熔体电流高于额定值时，以它本身产生的热量而熔化，自行切断故障电流，达到保护作用。

测量交流熔断器主要是为了判断熔断器的好坏，可通过万用表判断其通断状态。

7.4.2 交流接触器

1. 组成

通常交流接触器（见图 7—4）主要由电磁系统、触头系统、灭弧装置、绝缘外壳及附件组成。

（1）电磁系统。电磁系统包括吸引线圈、动铁芯和静铁芯。铁芯由硅钢片叠压而成。电磁系统是感测部分，它接收操作信号，并通过本身的动作将操作信号转换为执行信号。

（2）触头系统。触头系统包括三副主触头和常开、常闭辅助触头，它和动铁芯是连在一起、互相联动的。触头系统是执行部分，它接收执行信号后，通过本身的动作来接通或分断主电路。

（3）灭弧装置。一般容量较大的交流接触器都设有灭弧装置，以便迅速切断电弧，避免主触头烧坏。

（4）绝缘外壳及附件。其中，附件是指各种弹簧、传动机构、短路环、接线柱等。

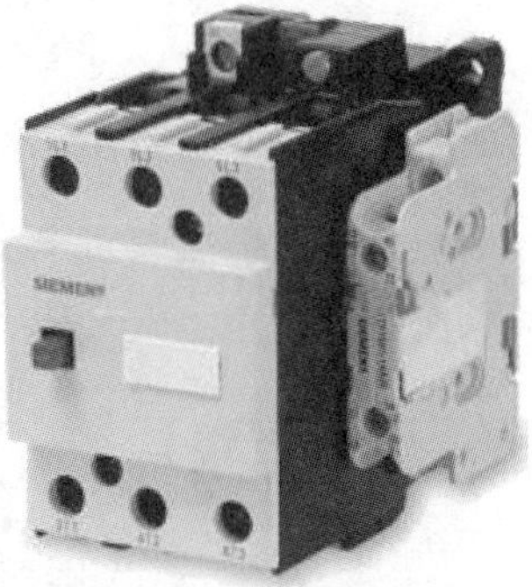

图7—4　交流接触器

2. 作用

交流接触器广泛用作电路的开断。它利用主触头来开闭电路，用辅助触头来执行控制指令。主触头一般只有常开触头，而辅助触头常有两对具有常开和常闭功能的触头。小型交流接触器也经常作为中间继电器配合主电路使用。

3. 测量

交流接触器的测量主要是针对触头和线圈。

检测交流接触器触头的闭合和断开状态来判断其是否正常，一般万用表就能检测。

测量线圈主要是检查线圈是否有故障，通过测量线圈的电阻值即可判断。不同的交流接触器电阻值不同，需要根据实际情况来判断。当测不出电阻值时，通常是线圈烧毁了。

7.4.3　电流互感器

互感器是测量用的变压器，又称仪用变压器，用来扩大仪表的测量范围。互感器分为电压互感器和电流互感器两种，但是通信电源一般只使用后者。

电流互感器简称变流器或CT。它是利用电磁感应原理（变压器原理）将交流一次电流转换成可供仪表、继电器等使用的标准二次电流（一般为5 A）的变流设备。

安装时，一次绕组串联在供电系统的一次回路中，而二次绕组与仪表的电流线圈串联起来形成一个闭合回路。电流互感器的使用注意事项如下。

（1）电流互感器二次侧严禁开路。由于仪表的电流线圈阻抗很小，几乎等于零，因此，二次侧接近于短路状态。在正常工作状态下，二次电压很低，如果电流互感器二次回路断路，则铁芯会严重饱和，导致铁芯发热而烧毁。同时，二次绕组多于一次绕组，会感应出比原来大很多倍的高电压，此高电压会对电气设备及工作人员安全造成危险。

（2）二次回路中的导线必须是 1.5 mm^2 软线，不允许在二次回路中装接熔断器。

（3）如果需要带电更换电流表，应先将该二次回路短接。待电流表更换后，再将短接线拆除。

技能要求

测量交流电源柜各路输出电压及输出电流

操作准备

实训设备及工具见表 7—2。

表 7—2　　实训设备及工具

序号	名称	规格	数量
1	万用表	数字或指针式	1 台
2	钳形电流表		1 台
3	交流电源柜		1 套

操作要求

1. 正确使用万用表。
2. 正确使用钳形电流表。
3. 正确测量交流电源柜各路输出电流。
4. 所有作业必须严格按照实训安全规范操作。

操作步骤

步骤 1： 正确选择万用表的量程。

步骤 2： 测量输出电压，将万用表正极表笔放置在交流电源柜输出的相线端上，如图 7—5 所示；将万用表负极表笔放置在交流电源柜输出的零线端上，如图 7—6 所示；逐个更换正极表笔在相线端上的位置来测量每一个输出电压。

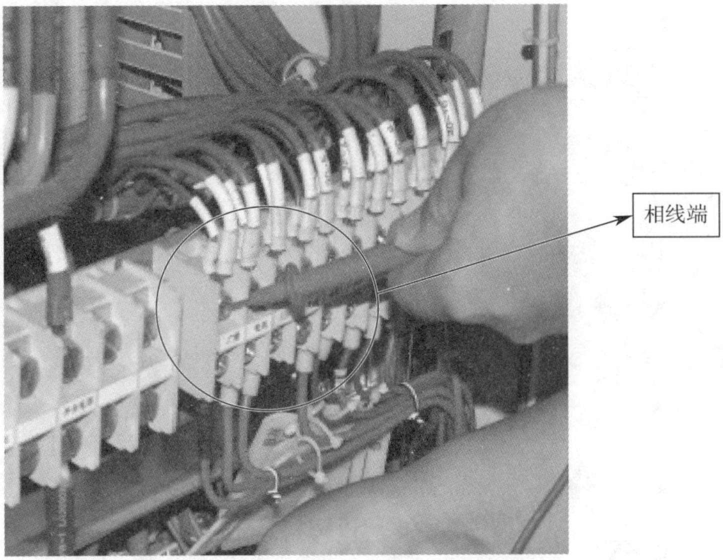

图 7—5　交流电源柜输出的相线端

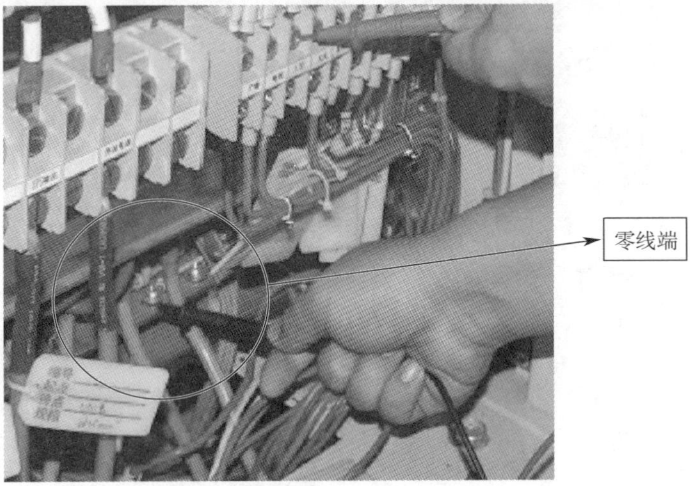

图 7—6　交流电源柜输出的零线端

步骤 3：正确选择钳形电流表的量程，如图 7—7 所示，根据实际负载选择合适的电流挡位。

步骤 4：测量输出电流，将钳形电流表夹在输出相线上，如图 7—8 所示。

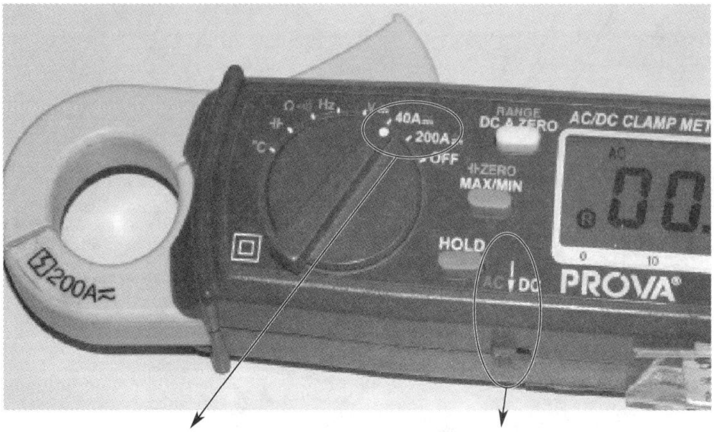

电流挡　　选择开关置于交流挡

图 7—7　正确选择钳形电流表的量程

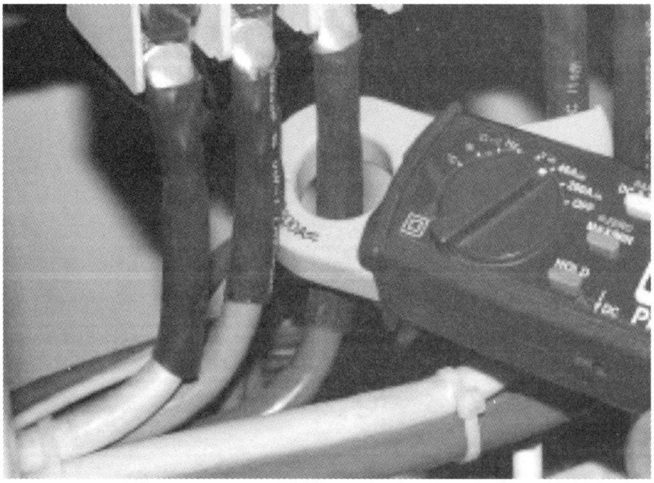

图 7—8　钳形电流表夹在输出相线上

本章理论复习题

一、判断题（将判断结果填入括号中。正确的填“√”，错误的填“×”）

1. 晶闸管又称可控硅。（　　）
2. 二极管是由两个 PN 结、两端引线及封装构成的。（　　）
3. 在一般 PWM 直流变换器中，功率开关管在高电压下开通，在大电流下关断。（　　）

4. 通信设备机架内的电源通常称为机架电源，又称初次电源。 ( )

5. 由市电或备用发电机组提供的低压交流电源称为通信局（站）的交流基础电源，其线电压为 380 V，额定频率为 50 Hz。 ( )

6. 电源配电箱电源线的色彩应符合规定，U 相为黄色，V 相为绿色，W 相为红色，零线为蓝色，保护线为黄、绿双色。 ( )

7. 通信设备的电源输入端子处，电压允许变动范围为额定电压值的 −20% ~ +15%。 ( )

8. 将设备的外露导体部分接地称为保护接地。 ( )

9. 影响接地电阻的主要因素包括土壤电阻率等。 ( )

10. 雷电可以通过信号线和电缆等进入机房，对通信设备造成破坏。 ( )

二、单项选择题（选择一个正确的答案，将相应的字母填入题内的括号中）

1. 晶闸管又称（ ）。

A. 非可控硅　　B. 可控硅

C. 二极管　　D. 三极管

2. 电感器对电流的变化有阻碍作用，所以电感器中的（ ）。

A. 电流能突变　　B. 电流不能突变

C. 电压能突变　　D. 电压不能突变

3. 由市电或备用发电机组提供的（ ）交流电源称为通信局（站）的交流基础电源，其线电压为 380 V，额定频率为 50 Hz。

A. 高压　　B. 低压

C. 稳压　　D. 超高压

4. 电源线的色彩应符合规定，（ ），零线为蓝色，保护线为黄、绿双色。

A. U 相为红色，V 相为绿色，W 相为黄色

B. U 相为黄色，V 相为绿色，W 相为红色

C. U 相为绿色，V 相为黄色，W 相为红色

D. U 相为黄色，V 相为红色，W 相为绿色

5. 将设备的（ ）导体部分接地称为保护接地。

A. 所有　　B. 外露

C. 可接触　　D. 不可接触

本章理论复习题参考答案

一、判断题

1. √　2. ×　3. √　4. ×　5. √　6. √　7. ×　8. √　9. √
10. √

二、单项选择题

1. B　2. B　3. B　4. B　5. B

本章操作技能复习题

一、蓄电池维护测量

试题单

（1）操作条件

1）蓄电池三组。

2）万用表。

3）常用工具。

（2）操作内容

1）清洁蓄电池。

2）检查蓄电池。

3）测量蓄电池电压，并判断蓄电池是否合格。

（3）操作要求

1）清洁后蓄电池外观干净。

2）正确检查蓄电池。

3）正确测量蓄电池电压，并进行正确判断。

4）正确执行安全作业规范。

二、测量 UPS 电压、电流、频率

试题单

（1）操作条件

1）UPS。

2）钳形电流表。

3）万用表。

4）常用工具。

（2）操作内容

1）测量输出电压、输入电压、浮充电压。

2）测量输出电流、输入电流、浮充电流。

（3）操作要求

1）正确使用仪表。

2）正确测量输出电压、输入电压、浮充电压。

3）正确测量输出电流、输入电流、浮充电流。

4）正确执行安全作业规范。

理论知识考试模拟试卷及答案

城轨通信工（五级）理论知识试卷

注 意 事 项

1. 考试时间：60 min。
2. 请首先按要求在试卷的标封处填写您的姓名、准考证号和所在单位的名称。
3. 请仔细阅读各种题目的回答要求，在规定的位置填写您的答案。
4. 不要在试卷上乱写乱画，不要在标封区填写无关的内容。

	一	二	总 分
得 分			

得 分	
评分人	

一、判断题（第 1 题 ~ 第 30 题。将判断结果填入括号中。正确的填“√”，错误的填“×”。每题 1 分，满分 30 分）

1. TETRA 系统在调度功能上是比较完善的，所以它非常适合做专网，尤其适合城轨运营单位等。（ ）
2. 专用移动通信网分为共同调度集群移动通信网和专用集群通信网。（ ）
3. 信息集群方式是先进的技术，因为在通话间隙没有信息传输时仍然占用信道。（ ）
4. 漏缆使用频率宽，场强辐射远，具有较高的抗压强度和抗张强度。（ ）
5. 富兰克林天线分为底馈与中馈两种类型。（ ）
6. 基本的电信网由终端设备、传输设备和交换设备组成。（ ）
7. 电话交换机按照交换机的使用对象分为局用交换机和用户交换机。（ ）
8. 程控数字交换机主要有交换和计费两大功能。（ ）

9. 程控数字交换机正朝着综合数字业务网的方向发展，除了话音业务外，还具备传真、可视电话等功能。（　）

10. 程控数字交换机的接口包括模拟用户接口、模拟中继接口、数字用户接口、数字中继接口。（　）

11. 公共广播是指室外广播系统。（　）

12. 有线广播设备由功率放大器、前置放大器、话筒、喇叭、连接电缆等组成。（　）

13. 音源信号可以随意接入前置放大器信号输入端。（　）

14. 当前置放大器输出声道错误接入功率放大器输入端时，输出声道左右颠倒。（　）

15. 车站广播控制盘可以由工控机来替代操作。（　）

16. 一幅清晰、完整的黑白照片由许多深浅不同、排列有序的像素组成。（　）

17. 在车站控制室内设有显示器及控制键盘，选择所监视的车站图像。（　）

18. 控制中心调度员可以调取本线任意车站的视频图像。（　）

19. 视频矩阵可以将视频图像从任意一个输入通道切换到任意一个输出通道进行显示。（　）

20. 摄像机所摄图像经过均衡字符叠加后，直接进入硬盘录像机进行图像信息存储。（　）

21. 通信电缆的结构一般可分为缆芯和护层两大部分，其中护层又由护套与外护层组成。（　）

22. 全塑市内通信电缆仅有芯线绝缘是采用聚烯烃塑料制成的。（　）

23. 光纤按照折射率分布、传输模式、工作波长、材料成分、制造方法等可分为很多种类。（　）

24. 数字传输抗干扰能力较强，适用于较远距离的传输，也适用于性能较差的线路。（　）

25. PCM 是实现模拟信号数字化的常用方法之一。（　）

26. PCM 的抽样频率一般取 6 000 Hz。（　）

27. 电感器对电流的变化有阻碍作用，所以电感器中的电流不能突变。（　）

28. 由市电或备用发电机组提供的低压交流电源称为通信局（站）的交流基础电源，其线电压为 380 V，额定频率为 50 Hz。（　）

29. 通信设备的电源输入端子处，电压允许变动范围为额定电压值的 −20% ~

+15%。（ ）

30. 电极是以铅及其氧化物为材料的蓄电池又称铅酸蓄电池。（ ）

得 分	
评分人	

二、单项选择题（第 31 题～第 100 题。选择一个正确的答案，将相应的字母填入题内的括号中。每题 1 分，满分 70 分）

31. 移动通信按工作方式分，有（ ）等。

A. 陆上移动通信、空中移动通信　B. 单工制、双工制

C. 海上移动通信、空中移动通信　D. 以上都不对

32. 在专用移动通信网中需要通话简练，所以（ ）不适合调度工作，但必须具备半双工、单工及脱网直接对讲功能。

A. 双工通信方式　B. 单工通信方式

C. 半双工通信方式　D. 以上都不对

33.（ ）是指在完成的通话过程中，每按一次 PTT 键，都会更换一个信道。

A. 信道动态分配　B. 信道静态分配　C. 信道动态占有　D. 信道切换

34. 集中式控制方式的多中心多区系统通过一个（ ）连接。

A. 基站　B. 系统管理终端

C. 调度台　D. 区域控制器

35. 富兰克林天线分为（ ）两种类型。

A. 全向与定向　B. 室内型与室外型

C. 底馈与中馈　D. 高增益与低增益

36. 为了得到有利的传输条件，（ ）往往架在尽可能高的地方。

A. 室外天线　B. 基站天线　C. 室内天线　D. 全向天线

37. 漏缆使用频率宽，场强辐射（ ），具有较高的抗压强度和抗张强度。

A. 远　B. 均匀而稳定　C. 强度大　D. 不均匀

38. 漏缆的主要参数有（ ）、耦合损耗、传输损耗和环阻。

A. 驻波比　B. 强度　C. 阻抗　D. 损耗

39. 发射机合路器的作用是使一组发射机共享（ ）。

A. 一组天线　B. 一根或一副天线

C. 两根天线　　D. 三根天线

40. 直立共线阵按天线阵理论将垂直振子在垂直于地面的（　　）上排阵，以压缩垂直平面的波瓣宽度。

A. 直线　　B. 曲线　　C. 抛物线　　D. 斜线

41. 将一个转接设备和多个终端设备相互连接，通过转接设备内部电路的断开、闭合来实现任意两个终端设备之间的通信，这个转接设备称为（　　）。

A. 交换机　　B. 计算机　　C. 电话机　　D. 接线器

42. 电话交换机经历了人工交换机、（　　）、纵横制交换机、空分式模拟程控交换机和时分式数字程控交换机五个阶段。

A. 程控数字交换机　　B. 小型用户自动交换机

C. 步进制交换机　　D. 点进制交换机

43. 空分式模拟程控交换机的交换网络采用（　　），靠程序控制来完成电话接续，针对模拟信号进行交换。

A. 程控交换技术　　B. 时分技术　　C. 空分技术　　D. 复用技术

44. 时分式数字程控交换机的交换网络采用时分技术，靠程序控制来完成电话接续，针对（　　）进行交换。

A. 模拟信号　　B. 数字信号　　C. 电信号　　D. 光信号

45. 按所交换的信号特征不同，电话交换机可分为模拟信号交换机和（　　）交换机。

A. 自动接续　　B. 局用　　C. 数字信号　　D. 时分

46. 按控制器电路的结构不同，电话交换机可分为集中控制交换机、分级控制交换机和（　　）交换机。

A. 人工接续　　B. 全分散控制　　C. 数字信号　　D. 自动接续

47. 程控数字交换机的主要功能是（　　）功能和用户分机功能。

A. 交换机业务　　B. 计费　　C. 代接　　D. 呼叫转移

48. 程控数字交换机正朝着（　　）的方向发展，除了话音业务外，还具备传真、可视电话等功能。

A. 多媒体　　B. 传真

C. 可视电话　　D. 综合数字业务网

49. 交换网络相当于一个由若干入线和若干（　　）构成的交换矩阵，又称接线器。

A. 入中继　　B. 出线
C. 被叫　　D. 被叫用户电路

50. 程控数字交换机拥有多种多样的（　　），其作用就是将不同类型的数据进行转换来满足不同设备对数据类型的要求。

A. 接线器　　B. 中继线　　C. 接口　　D. 终端设备

51. 电声转换是声电转换的逆过程，是将声频电信号转换成声波的过程，完成电声转换的器件是（　　）。

A. 话筒　　B. 前置放大器　　C. 功率放大器　　D. 扬声器

52. 声级可以理解为各个（　　）的声音计权相加。

A. 频率　　B. 幅度　　C. 相位　　D. 强度

53. 广播设备是指用于语音信号（　　）的设备。

A. 传输　　B. 放大　　C. 测量　　D. 以上都不对

54. 关于广播信号传送途径，正确的是（　　）。

A. 广播信号可以通过有线设备传输，它是以电流形式通过电缆传送到广播区域的
B. 广播信号可以通过无线设备传输，它是以电流形式传送到空间的
C. 广播信号可以通过无线设备传输，它是以电波形式通过电缆传送到广播区域的
D. 广播信号可以通过有线设备传输，它是以电波形式传送到空间的

55. 有线广播设备由（　　）、连接电缆等组成。

A. 功率放大器、前置放大器、话筒、喇叭
B. 电压放大器、前置放大器、话筒、喇叭
C. 功率放大器、后置放大器、话筒、喇叭
D. 以上都不对

56. 广播设备中的电源负载是指（　　）。

A. 功率放大器　　B. 前置放大器
C. 话筒　　D. 整个设备及附属设备

57. 当前置放大器输出声道错误接入功率放大器输入端时，下列说法错误的是（　　）。

A. 没有影响
B. 功率输出声道相反
C. 输入端不变，改变喇叭声道连接位置可以纠正
D. 纠正输入端声道信号输入位置才能保证声道正确

58. 在（　　）情况下，需要在扬声器前加入一个输送变压器，将电压降到扬声器可以承受的范围内。

A. 定压输出连接　　B. 定阻输出连接
C. 混合连接　　D. 任何

59. 语音通道、以太网通道均由（　　）系统设备提供。

A. 交换　　B. 传输　　C. 上层网　　D. 无线网络

60. 车站广播控制盘可以用（　　）操作。

A. 控制中心　　B. 快捷键　　C. 数字键指令　　D. 应急键

61. 模拟设备为主的视频监控系统出现在（　　）。

A. 20 世纪 70 年代　　B. 20 世纪 90 年代前
C. 20 世纪 90 年代后　　D. 21 世纪

62. 可见光的波长范围是（　　）nm。

A. 380 ~ 780　　B. 0 ~ 380　　C. 0 ~ 780　　D. 780 ~ 980

63. 图像中最亮处与最暗处亮度之比称为（　　）。

A. 亮度　　B. 色度　　C. 灰度　　D. 对比度

64. 站长室的录像回放通过（　　）来选择所需画面。

A. 摄像机　　B. 键盘　　C. 录像机　　D. 回放设备

65. 摄像机是获取监控现场图像的重要（　　）设备。

A. 前端　　B. 终端　　C. 控制　　D. 附属

66. 常见的一体化摄像机可以（　　）旋转。

A. 0° ~ 90°　　B. 0° ~ 180°　　C. 0° ~ 270°　　D. 0° ~ 360°

67. 模拟设备一般由模拟矩阵和（　　）来切换视频和控制系统。

A. 监视器　　B. 视频服务器　　C. 交换机　　D. 键盘

68. 视频编码器用于实现（　　）信号（视频、音频及其他信号）的数字化压缩。

A. 前端　　B. 后端　　C. 存储　　D. 码流

69. 视频服务器能实现对系统内所有（　　）及录像存储设备的统一管理。

A. 编码器　　B. 解码器　　C. 编解码设备　　D. 传输设备

70. 车站视频服务器接收（　　）后，实现与视频监控系统的联动功能。

A. 光信号　　B. 电信号　　C. 控制信号　　D. 报警信号

71. 通信线是将（　　）从一个地点传送到另一个地点的传输媒介。

A. 1 信号　　B. 0 信号　　C. 电信号　　D. 实物信号

72. 通信电缆缆芯由绝缘的导电芯线和必要的屏蔽、填充和扎带组成，一般绞合成（　　）。

A. 没有形状　　B. 椭圆形　　C. 星形　　D. 圆形

73. 全塑电缆具有电特性好，传输质量优良，便于机械化、自动化施工，（　　），投资经济等特点。

A. 维护方便，故障少，使用寿命长　　B. 维护方便，故障多，使用寿命长

C. 维护方便，故障少，使用寿命有限　　D. 拆装方便，故障少，使用寿命长

74. 全塑电缆的规格程式可分为（　　）、50 对超单位、100 对超单位。

A. 基本单位、子单位　　B. 基本单位

C. 子单位　　D. 13 对和 12 对

75. 全色谱对绞单位式缆芯色谱由（　　）作为领示色，蓝、橙、绿、棕、灰作为循环色。

A. 白、紫、红、灰、黄　　B. 灰、黄、红、黑、紫

C. 白、红、黑、黄、紫　　D. 黑、黄、紫、白、粉

76. 全色谱对绞单位式全塑电缆 A、B 端的区分方法为：面向电缆端面，按单位序号（　　）顺时针方向依次排列，则该端为 A 端，另一端为 B 端。

A. 从小到大　　B. 从大到小　　C. 从近到远　　D. 从前到后

77. 电缆型号按照用途、芯线结构、导线材料、绝缘材料、护层材料、外护层材料等分别用不同的汉语拼音字母和（　　）来表示。

A. 数字　　B. 文字　　C. 英文　　D. 算式

78. 电缆型号由类别代号、（　　）代号、绝缘代号、内护层代号、特征代号及规格等构成。

A. 分类　　B. 导体　　C. 用途　　D. 屏蔽

79. 全塑电缆回路的有效电阻由直流电阻和（　　）组成。

A. 交流电阻　　B. 电感　　C. 电容　　D. 电导

80. 全塑电缆芯线接续主要采用（　　）接续法。

A. 扣式接线子和模块式接线子　　B. U 形接线子

C. 开放式接线子　　D. 以上都不对

81. 数字信号的幅度值随时间（　　）变化。

A. 离散　　B. 固定　　C. 连续　　D. 累计

82. 在信道上传输模拟信号的通信系统称为（　　）系统。

A. 数字通信　B. 无线通信　C. 模拟通信　D. 有线通信

83. 时分多任务使各路信号在（　　）的时间占用同一个信道进行传输。

A. 相同　B. 随机　C. 限定　D. 不同

84. （　　）便于加密处理。

A. 有线通信　B. 无线通信　C. 数字通信　D. 模拟通信

85. 频带利用率是指单位频带内的（　　）。

A. 传输时间　B. 传输长度　C. 传输宽度　D. 传输速率

86. 误码率是指传输过程中发生误码的（　　）。

A. 码元数与正确的码元数之比　B. 码元数

C. 码元数累积　D. 码元数与传输的总码元数之比

87. PCM 是实现模拟信号（　　）的常用方法之一。

A. 数字化　B. 模拟化　C. 集成化　D. 小型化

88. 为了减少由于低通滤波器性能不理想而产生的折叠噪声，一般语音信号的抽样频率选为（　　）Hz。

A. 3 400　B. 5 600　C. 6 800　D. 8 000

89. 时分多任务方式用于（　　）。

A. 数字通信　B. 无线通信　C. 模拟通信　D. 有线通信

90. PCM30/32 路系统的帧结构中，每帧的长度为（　　）bit。

A. 128　B. 256　C. 512　D. 1 024

91. 晶闸管又称（　　）。

A. 非可控硅　B. 可控硅　C. 二极管　D. 三极管

92. 电感器对电流的变化有阻碍作用，所以电感器中的（　　）。

A. 电流能突变　B. 电流不能突变

C. 电压能突变　D. 电压不能突变

93. 通信设备机架内的电源通常称为机架电源，又称（　　）电源。

A. 一次　B. 初次　C. 二次　D. 再次

94. 由市电或备用发电机组提供的（　　）交流电源，称为通信局（站）的交流基础电源，其线电压为 380 V，额定频率为 50 Hz。

A. 高压　B. 低压　C. 稳压　D. 超高压

95. 电源线的色彩应符合规定，U 相为黄色，V 相为（　　），W 相为红色，零线为蓝色，保护线为黄、绿双色。

A. 黑色　B. 紫色　C. 绿色　D. 橙色

96. 根据行业标准 YD/T 1051—2018 的规定，通信机房内每一个通信设备机架的直流输入端子处 -48 V 电压允许变动范围为（　　）V。

A. -5 ~ -10　B. -12 ~ -21

C. -30 ~ -38　D. -40 ~ -57

97. 蓄电池的电极以（　　）及其氧化物为材料。

A. 铜　B. 铅　C. 锌　D. 镉

98. 放电率依据 IEC 标准，有（　　）小时率及分钟率。

A. 50、7、2　B. 40、8、2　C. 10、3、1　D. 30、9、6

99. 阀控式铅酸蓄电池放电时（　　）热量。

A. 释放　B. 吸收

C. 既不释放也不吸收　D. 以上都不对

100. 低压供电系统的防雷一般采用（　　）防雷保护。

A. 一级　B. 二级　C. 三级　D. 四级

城轨通信工（五级）理论知识试卷答案

一、判断题

1. √	2. √	3. ×	4. ×	5. √	6. √	7. √	8. ×	9. √
10. √	11. ×	12. √	13. ×	14. √	15. √	16. √	17. √	18. √
19. √	20. √	21. √	22. ×	23. √	24. √	25. √	26. ×	27. √
28. √	29. ×	30. √						

二、单项选择题

31. B	32. A	33. A	34. D	35. C	36. B	37. B	38. A	39. B	40. A
41. A	42. C	43. C	44. B	45. C	46. B	47. A	48. D	49. B	50. C
51. D	52. A	53. B	54. A	55. A	56. D	57. A	58. A	59. B	60. B
61. B	62. A	63. D	64. C	65. A	66. D	67. B	68. A	69. C	70. D
71. C	72. D	73. A	74. A	75. C	76. A	77. A	78. B	79. A	80. A
81. A	82. C	83. D	84. C	85. D	86. D	87. A	88. D	89. A	90. B
91. B	92. B	93. C	94. B	95. C	96. D	97. B	98. C	99. B	100. C

操作技能考核模拟试卷

注 意 事 项

1. 考生根据操作技能考核通知单中所列的试题做好考核准备。

2. 请考生仔细阅读试题单中具体考核内容和要求，并按要求完成操作或进行笔答或口答，若有笔答请考生在答题卷上完成。

3. 操作技能考核时要遵守考场纪律，服从考场管理人员指挥，以保证考核安全顺利进行。

注：操作技能鉴定试题评分表及答案是考评员对考生考核过程及考核结果的评分记录表，也是评分依据。

城轨通信工（五级）操作技能考核通知单

姓名：

准考证号：

考核日期：

试题1

试题代码：1. 1. 4。

试题名称：检查车站专用无线固定台工作状态。

考核时间：15 min。

配分：30 分。

试题2

试题代码：2. 1. 3。

试题名称：广播控制盘的功能检查及操作。

考核时间：15 min。

配分：30 分。

试题 3

试题代码：3. 3. 6。

试题名称：切换 UPS 手动旁路。

考核时间：15 min。

配分：40 分。

城轨通信工（五级）操作技能鉴定
试题单

试题代码：1. 1. 4。

试题名称：检查车站专用无线固定台工作状态。

考核时间：15 min。

1. 操作条件

（1）专用无线固定台一套。

（2）MTP850 型手持电台一台。

（3）操作必须在 TETRA 系统射频覆盖范围内进行。

2. 操作内容

（1）专用无线固定台注册、注销功能检查。

（2）用一台 MTP850 型手持电台与无线固定台进行通话试验。

3. 操作要求

（1）无线固定台注册、注销操作正确。

（2）MTP850 型手持电台与无线固定台通话试验操作正确。

（3）作业安全规范，无违规违章操作。

城轨通信工（五级）操作技能鉴定试题评分表及答案

考生姓名：　　　　　　　　　　准考证号：

<table>
<tr><td colspan="2">试题代码及名称</td><td colspan="3">1.1.4　检查车站专用无线固定台工作状态</td><td colspan="5">考核时间</td><td>15 min</td></tr>
<tr><td colspan="2" rowspan="2">评价要素</td><td rowspan="2">配分（分）</td><td rowspan="2">等级</td><td rowspan="2">评分细则</td><td colspan="5">评分等级</td><td rowspan="2">得分（分）</td></tr>
<tr><td>A</td><td>B</td><td>C</td><td>D</td><td>E</td></tr>
<tr><td rowspan="5">1</td><td rowspan="5">（1）按无线固定台操作终端上的菜单键，按方向键选择“注册”项，再按确认键
（2）无线固定台先显示“注册发送成功”，再显示“注册成功”
（3）按无线固定台操作终端上的菜单键，按方向键选择“注销”项，再按确认键
（4）无线固定台先显示“注销发送成功”，再显示“注销成功”</td><td rowspan="5">17</td><td>A</td><td>完全正确</td><td rowspan="5"></td><td rowspan="5"></td><td rowspan="5"></td><td rowspan="5"></td><td rowspan="5"></td><td rowspan="5"></td></tr>
<tr><td>B</td><td>错 1 项</td></tr>
<tr><td>C</td><td>错 2 项</td></tr>
<tr><td>D</td><td>错 3 项及以上</td></tr>
<tr><td>E</td><td>未答题</td></tr>
<tr><td rowspan="5">2</td><td rowspan="5">（1）将无线固定台设置在“注销”状态
（2）打开 MTP850 型手持电台电源，使之处于待机状态，并将通话组设在与无线固定台同一个通话组
（3）按 MTP850 型手持电台的 PTT 键，对着手持电台讲话，无线固定台喇叭发出话音；再按无线固定台操作终端收送话器的 PTT 键，对着收送话器讲话，此时手持电台收到话音，通话正常</td><td rowspan="5">10</td><td>A</td><td>完全正确</td><td rowspan="5"></td><td rowspan="5"></td><td rowspan="5"></td><td rowspan="5"></td><td rowspan="5"></td><td rowspan="5"></td></tr>
<tr><td>B</td><td>错 1 项</td></tr>
<tr><td>C</td><td>错 2 项</td></tr>
<tr><td>D</td><td>错 3 项</td></tr>
<tr><td>E</td><td>未答题</td></tr>
<tr><td rowspan="5">3</td><td rowspan="5">作业安全规范：
（1）穿戴劳动防护用品
（2）无违规操作
（3）无违章操作</td><td rowspan="5">3</td><td>A</td><td>完全正确</td><td rowspan="5"></td><td rowspan="5"></td><td rowspan="5"></td><td rowspan="5"></td><td rowspan="5"></td><td rowspan="5"></td></tr>
<tr><td>B</td><td>—</td></tr>
<tr><td>C</td><td>—</td></tr>
<tr><td>D</td><td>—</td></tr>
<tr><td>E</td><td>未穿戴劳动防护用品，有违规、违章操作</td></tr>
<tr><td colspan="2">合计配分</td><td>30</td><td colspan="7">合计得分</td><td></td></tr>
</table>

考评员（签名）：

等级	A（优）	B（良）	C（尚可）	D（差）	E（未答题）
比值	1.0	0.8	0.6	0.2	0

“评价要素”得分 = 配分 × 等级比值。

城轨通信工（五级）操作技能鉴定
试题单

试题代码：2. 1. 3。

试题名称：广播控制盘的功能检查及操作。

考核时间：15 min。

1. 操作条件

（1）广播操作键盘。

（2）大信号机框、小信号机框、CSU 处理器、负载切换设备、喇叭。

2. 操作内容

（1）检查广播控制盒的连接状态。

（2）使用快捷键进行播音。

（3）分别进行选区的人工广播。

（4）进行应急广播的操作。

3. 操作要求

（1）准备工作完善、正确，无遗漏。

（2）检查内容无遗漏。

（3）操作正确。

（4）命令正确。

（5）作业安全规范，无违规、违章操作。

城轨通信工（五级）操作技能鉴定试题评分表及答案

1. 试题评分表

考生姓名： 准考证号：

试题代码及名称		2.1.3 广播控制盘的功能检查及操作			考核时间					15 min
评价要素		配分（分）	等级	评分细则	评分等级					得分（分）
					A	B	C	D	E	
1	检查广播控制盒的状态： （1）话筒音量、音质 （2）连接状态（查看TX、FX指示灯） （3）屏幕亮度、灰度	9	A	完全正确						
			B	—						
			C	做到其中2项						
			D	做到其中1项						
			E	未答题						
2	正常操作广播控制盘进行广播： （1）进行区域单呼 （2）进行组呼 （3）进行全呼	9	A	完全正确						
			B	—						
			C	做到其中2项						
			D	做到其中1项						
			E	未答题						
3	使用应急广播进行呼叫： （1）选择办公区广播 （2）选择功能区广播 （3）选择消防区广播	9	A	完全正确						
			B	—						
			C	做到其中2项						
			D	做到其中1项						
			E	未答题						
4	作业安全规范： （1）穿戴劳动防护用品 （2）无违规操作 （3）无违章操作	3	A	完全正确						
			B	—						
			C	—						
			D	—						
			E	未穿戴劳动防护用品，有违规、违章操作						
合计配分		30	合计得分							

考评员（签名）：

等级	A（优）	B（良）	C（尚可）	D（差）	E（未答题）
比值	1.0	0.8	0.6	0.2	0

"评价要素"得分=配分×等级比值。

2. 参考答案

（1）广播控制盒的检查

1）检查控制盒的连接状态。

2）检查控制盒话筒的音量、音质。

3）对屏幕亮度、灰度进行检查。

（2）广播控制盘的操作

1）用话筒播音。直接按负载区域键就能打开相应的区域，再按话筒开关键打开话筒，播音结束后关闭话筒，同时结束操作。话筒输出音量可以用“音量+”和“音量-”来调节。

2）用快捷键播音。F1～F10为快捷播放键，每个都预设了播放的信源和负载，按任一快捷键再按回车键，就能把预设的内容播放出去。

3）利用组合键进行播音。按语音键和数字键选语音号，语音号为两位数，再按负载区域键打开相应负载，按回车键确认。关闭时按语音键显示打开的语音，再按结束键将语音关闭。操作过程中有输入错误按ESC键取消全部操作。

（3）对各类播音区进行人工广播

1）应急广播功能检查。使用应急广播的按钮，对办公、功能、消防各区域进行广播。

2）按应急键后，话筒将跳过所有控制系统直接连到负载上，再按话筒开关键就能进行广播。

（4）操作完毕恢复正常使用状态。

城轨通信工（五级）操作技能鉴定
试题单

试题代码：3. 3. 6。

试题名称：切换 UPS 手动旁路。

考核时间：15 min。

1. 操作条件

（1）UPS。

（2）电源柜。

（3）蓄电池组。

2. 操作内容

（1）判断 UPS 工作状况。

（2）切换 UPS 手动旁路。

3. 操作要求

（1）正确判断 UPS 工作状况。

（2）正确切换 UPS 手动旁路，简述切换时的注意事项。

（3）作业安全规范，无违规、违章操作。

城轨通信工（五级）操作技能鉴定
试题评分表及答案

1. 评分表

考生姓名：　　　　　　　　准考证号：

<table>
<tr><td colspan="2">试题代码及名称</td><td colspan="3">3.3.6　切换 UPS 手动旁路</td><td colspan="5">考核时间</td><td>15 min</td></tr>
<tr><td colspan="2" rowspan="2">评价要素</td><td rowspan="2">配分（分）</td><td rowspan="2">等级</td><td rowspan="2">评分细则</td><td colspan="5">评分等级</td><td rowspan="2">得分（分）</td></tr>
<tr><td>A</td><td>B</td><td>C</td><td>D</td><td>E</td></tr>
<tr><td rowspan="5">1</td><td rowspan="5">判断 UPS 工作状况</td><td rowspan="5">18</td><td>A</td><td>完全正确</td><td rowspan="5"></td><td rowspan="5"></td><td rowspan="5"></td><td rowspan="5"></td><td rowspan="5"></td><td rowspan="5"></td></tr>
<tr><td>B</td><td>—</td></tr>
<tr><td>C</td><td>—</td></tr>
<tr><td>D</td><td>差</td></tr>
<tr><td>E</td><td>未答题</td></tr>
<tr><td rowspan="5">2</td><td rowspan="5">切手动旁路，简述切换时的注意事项</td><td rowspan="5">18</td><td>A</td><td>完全正确</td><td rowspan="5"></td><td rowspan="5"></td><td rowspan="5"></td><td rowspan="5"></td><td rowspan="5"></td><td rowspan="5"></td></tr>
<tr><td>B</td><td>错 1 次</td></tr>
<tr><td>C</td><td>错 2 次</td></tr>
<tr><td>D</td><td>—</td></tr>
<tr><td>E</td><td>未答题</td></tr>
<tr><td rowspan="5">3</td><td rowspan="5">作业安全规范：
（1）穿戴劳动防护用品
（2）无违规操作
（3）无违章操作</td><td rowspan="5">4</td><td>A</td><td>完全正确</td><td rowspan="5"></td><td rowspan="5"></td><td rowspan="5"></td><td rowspan="5"></td><td rowspan="5"></td><td rowspan="5"></td></tr>
<tr><td>B</td><td>—</td></tr>
<tr><td>C</td><td>—</td></tr>
<tr><td>D</td><td>—</td></tr>
<tr><td>E</td><td>未穿戴劳动防护用品，有违规、违章操作</td></tr>
<tr><td colspan="2">合计配分</td><td>40</td><td colspan="7">合计得分</td><td></td></tr>
</table>

考评员（签名）：

等级	A（优）	B（良）	C（尚可）	D（差）	E（未答题）
比值	1.0	0.8	0.6	0.2	0

“评价要素”得分 = 配分 × 等级比值。

2. 参考答案

（1）查看 UPS 工作状况。

（2）根据 UPS 状况判断是否可以进行手动旁路操作

1）UPS 是否有报警，有旁路超限告警及无输入时禁止操作。

2）查看是否有旁路电压。

3）准确进行手动旁路操作。